故事 THE POWER OF STORYTELLING 事
演讲力

安妮 著

台海出版社

图书在版编目（CIP）数据

故事演讲力 / 安妮著 . —北京：台海出版社，
2021.6（2024.10 重印）

ISBN 978-7-5168-2963-9

Ⅰ . ①故… Ⅱ . ①安… Ⅲ . ①演讲－语言艺术 Ⅳ .
① H019

中国版本图书馆 CIP 数据核字（2021）第 065829 号

故事演讲力

著　　者：安　妮	
责任编辑：曹任云	封面设计：李东锦

出版发行：台海出版社

地　　址：北京市东城区景山东街 20 号　　邮政编码：100009

电　　话：010-64041652（发行，邮购）

传　　真：010-84045799（总编室）

网　　址：www. taimeng. org. cn / thcbs / default. htm

E － mail：thcbs@126. com

经　　销：全国各地新华书店

印　　刷：天津睿和印艺科技有限公司

本书如有破损、缺页、装订错误，请与本社联系调换

开　　本：880 毫米 × 1230 毫米　　1/32

字　　数：132 千字　　　　　　　印　　张：7

版　　次：2021 年 6 月第 1 版　　印　　次：2024 年 10 月第 2 次印刷

书　　号：ISBN 978-7-5168-2963-9

定　　价：49.80 元

我一直认为，未来的世界拼的不仅是能力，更是影响力。让更多的人认识并喜欢我们，这样我们才能事半功倍，并且在竞争激烈的社会中脱颖而出。

那么，要怎样做才能有效地提升自己的影响力呢？我认为可以通过两种方式：第一种方式是写作，第二种方式是演讲。这也是我写本书的初衷之一。因为我通过一百多场的演讲实践证明，提升演讲技能，是打造个人影响力的最好方式之一。我希望通过本书能把我的经验分享给更多的人。

有人说，我似乎天生会演讲，只要一站在台上，就会闪闪发光。其实不是这样的。曾经的我，一直是站在台上就胆怯的人。我感觉自己人生中最丢脸的一次演讲，是我曾经在学校参加一个社团活动时，学长让我上台介绍自己。其实那个时候我已经是学校的风云人物了，我想，上台说说话应该也没什么问题。就在没有任何准备的情况下，我上台了。结果，当我站在台上，望着台下乌压压一片的同学，我感觉自己脑袋一片空白，别说自我介绍了，我连自己姓什么都不记得了。当时的我，只想找个地缝赶紧钻进去，又或者赶紧下去，不要继续站在台上丢脸。我还记得让我最丢脸的是，我本来想以感谢学长给我这个机会上台来结束这次尴尬的演讲，结果因为太紧张，我竟然把学长的名字给念错了，结果现场的人哄堂大笑。本来学长还想给我一个机会让我主持那年的毕业晚会，但我因为这次失误，而让等待了很久的机会错失了。

从那以后，我就对演讲有了莫名的恐惧。你让我在台下讲话，不管面对多少人、讲多久，都没问题，一旦让我上台，我就感觉要我命一般。可是，现在我完全不会紧张，也不会很恐惧上台。相反，站在台上，我会很享受霸占舞台的感觉。

　　人生是一个漫长的过程，也是一个不断学习与成长的过程。如果你还处在对人生迷茫的阶段，看见别人都不断地在提升各种技能，自己却一直在原地踏步，内心既焦虑又不知道该学什么，那么我真诚地建议你，立刻去学演讲吧！因为从最初手足无措的"演讲小白"，到不管遇到什么场合都能勇敢地走上台，我深刻地感受到，演讲对我的帮助，实在是太大了！首先，我感觉自己变"美"了。因为演讲水平的提高，让我越来越有自信，自信的人本身就自带光芒，会越来越美丽。其次，我的影响力更大了。最近这种感觉更加强烈。不管我走到哪里，都会有人问我："你就是那个会演讲的安妮老师吧？"第三，我发现自己更受欢迎了，人际关系也越来越融洽了。前段时间我去参加一个活动，一位上市公司的董事长见到我就拉着我说："安妮小姐啊，我太喜欢你了，你太有正能量了，希望未来能与你多多交流。"通过演讲，别人更多地了解了我的能力，了解了我的所思所想，我不需要做很多自我推销，就已经无形中让别人对我留下了深刻的印象。所以我说，如果学一招就能"打遍天下"的话，这一招一定是演讲。

　　随着互联网时代的到来，每个人都有了开放、平等地表达自我的机会。普通人通过自己的努力，也可以成为自己微信、微博朋友圈中的"流量明星"。只要掌握有效的方法，并且坚持去实践，你就能够做到。那些成为朋友圈中明星的人，只是运用了一些方法，坚持并践行了而已。没有什么成功是随随便便的。那些看起来毫不费力的人，他们在背后其实花费了巨大的努力，只是我们没看到而已。曾经有人问我：你觉得这个世界上到底有没有潜规则？我说有。那就是被实力"潜"，被努力"潜"，被认真"潜"。这便是一个人能成功的潜规则。我希望你和我一样，成为一个被实力"潜"、被努力"潜"、被认真"潜"的人。

未来的世界比拼的一定是影响力。不管你愿不愿意承认，一个有影响力的人，一定更容易聚集核心资源。从现实的角度来讲，当你成为一个有影响力的人，成为一个会演讲的人，就不用再担心赚钱的问题了，因为钱自然会来找你；从理想的角度来讲，我真心希望大家通过学习演讲，成为自己朋友圈的明星，表达出自己独立的精神格调，用你的演讲力去点亮自己，照亮他人。要知道，演讲的最终目的，是让你成为一个更有分量的人。

有句话说，优秀的人不一定自律，但是自律的人通常都很优秀。能成为超级演讲者的人，通常都相当自律。因为卓越不会一蹴而就，唯有通过持续不断的努力练习，你在明天才能变得比今天更强。这个世界上的大多数人，比如我，比如你，原本都是普通和平庸的。那么，如何让普通变得不普通，把平庸变成卓越？答案无他，唯有自律。自律的人，在人群中总是闪闪发光。想让自己成为人群中的明星，可又苦于毫无天赋，那我们可以通过自律去逆袭。希望你和我，都能坚持自律的好习惯，不断地练习和精进，让我们通过努力和实力，去点亮身边的人，对他人的生命产生积极和正面的影响。

如果你也希望和我一样，用一招逆袭平庸的人生，那就跟随本书，开启你的演讲之旅吧。

祝福你！

The power of storytelling

故 · 事 · 演 · 讲 · 力　　**目录**

The power of storytelling

故 · 事 · 演 · 讲 · 力

01 掌握故事演讲力，你可以征服任何人

精彩的故事能驱动观众做出决定

　　蹩脚的演讲千差万别，精彩的演讲都有共同的特质。触动观众是其第一个特质，也是演讲功力达到的第一层境界。能够在触动他人的基础上影响他人，让他们做出决定，是一场深入人心的精彩演讲的第二个特质，也是演讲功力达到的第二层境界。可见，精彩的演讲要有能驱动观众做出决定的故事。

　　2019年年初，我在深圳市海归协会六周年年会上做了一场演讲。当时台下的观众大都是年轻的海归，他们多数人刚回国不久，对于未来还有一些迷茫和不确定。针对这一群体的特质，我讲了自己的故事，希望能够对他们有所帮助。

　　"五年前，我看过一个采访。主持人问一位女星：'在你的人生中，你最害怕的是什么？'她回答说：'我害怕变丑，我害怕变胖，我害怕变穷。'她的回答，对我的触动非常大。变丑、变胖、变穷，这不正是我所害怕的吗？我对她的话产生了一种共鸣。当时我想，如果有人问我：'安妮，你人生中最害怕的是什么？'我觉得，也是这三件事。然而，在海归协会工作了这些年以后的今天，如果有人再问我这个问题，我会回答：'失去爱的能力，以及失去对这个世界的好奇心。'现在的我，已经不再害怕失去任何外在的东西，而是害怕自己的内心没有力量。正因为我保持了对世界的好奇心，这十年来，我活出了全新的自己。我用两个月完成了一本书，穿越了戈壁大沙漠，去了二十多个国家，进行了一百多场演讲。十年前的我，只是一个上市公司的小螺丝钉，而现在的我，却活成了自己最喜欢的模样。人生真的不用固守成规，人生是用来打破和拓宽的。而所有的这一切，都来自好奇心的驱动。

　　"我记得在上市公司工作的时候，其实是我最焦虑的时候，因为生活的压力很大，每天挣得又不多，我就特别怕失业。每天上班、下班、吃饭、睡觉，生活已经被固化了，没有任何创新和动力。那个时候的我，仿佛已经看到了十年后自己的样子。但同时，我又希望那个样子能被固定下来，因为我是特别没有安全感的人。我希望我的工作可以给我一份安全感，让我一辈子安安稳稳地过着小日子。我害怕突如其来的变化，害怕任何的不确定性。那个时候，我还有一个非常奇怪的想法：如果有哪家公司肯跟我签约，答应每个月给我两万元钱，我这辈子都会把自己签给它。我相信在座的各位小伙伴，有人现在依然有这样的想法。为什么？因为我们想追求稳定，追求安全感。但是，你要知道，未来如果就此确定下来，那是多么可怕的一件事。如果真的那样，那也就意味着，你没有未来了。因为未来的意思恰恰就是还没有来。未来来自不知道，来自无常。

"那到底什么是安全感呢？在我看来，真正的安全感就是，去承认这个世界就是不安全的这个事实，充分地接受它，享受它，并穿越它。这样，我们才能活出全新的自己。"

演讲完以后，我就开始忙年会的事情，一直忙到凌晨。等我把所有事务都处理完毕，准备收拾东西回家的时候，突然收到一位海归美女给我发来的信息。她是英国伯明翰大学毕业的高才生，长得很美，性格很温婉。如果没记错，我们已经互加微信有一段时间了，但是从来没有沟通过。她突然给我发信息，让我有点儿惊讶。

她说："安妮姐，我想和您聊一下可以吗？"

我立刻回道："可以。请问有什么可以帮你的吗？"

她说："安妮姐，我三年前毕业回国后，就按照父母的意愿，考到了政府部门上班。我爸妈都是公务员，工作都很稳定，他们也希望我能找一份稳定的工作，然后结婚生子。本来以为生活可以这样安安稳稳地过下去，岁月静好，可是我发现，我并不开心，每天去上班我都感觉很痛苦，内心很煎熬。我不喜欢按部就班的工作，我喜欢造梦，喜欢挑战，我想通过自己的努力去实现理想。今天您的演讲，对我的影响实在太大了。我也很希望像您一样，跳出现在的框框，去过自己想要的生活。

"我觉得现在的工作已经让我没有了半点儿好奇心，剩下的全是确定性。今天您说过，生命的美妙就在于各种不确定性，这一点，我真的太认同了。

"我其实很想去从事保险行业，因为我喜欢金融，也喜欢与人打交道。可是我父母觉得一个名校毕业的海归，竟然去卖保险，很丢人。加上我目前的工作也来之不易，所以他们坚决不同意我离职。但是，我现在已经能看到十年后的自己是什么状态，这真的不是我想要的。我觉得我的人生才刚刚开始，我想去突破和创造，而不是找一份养老的工作。我觉得在这里一直工作下去，我会连热爱生活的勇气都没有了。

"今天听完安妮姐的演讲，我做了一个决定——我要辞职，去做自己想做的事情。我会想办法说服父母。毕竟，人生真的太短暂了，就像安妮姐说的，我们有一大部分时间在工作，又怎么能让自己的工作不美丽？当真正热爱自己的工作，就会感觉没有一天在工作。如果不热爱自己的工作，那么，就是在浪费生命。

"安妮姐，谢谢您。我被您今天的演讲点燃了。我也要去打破和拓宽我的生命。我要活出自己喜欢的样子，而不是我父母喜欢的样子。"

看完她的文字，我的内心也被触动了。实在没有想到，我短短十几分钟的演讲能让她做出这样一个决定。但我知道，这一定是她想要的决定。

那么，在演讲中，到底要如何引发观众做出决定呢？根据上面这个演讲案例，我总结了三个具体方法。

第一，通过讲一个故事来触动观众的内心，而在这个故事中，应该有人物成长的对比。用这个成长的故事，去感动和激发观众，引导他们做出决定。在上述演讲中，我讲了一个自己的故事，通过这个故事，我告诉大家我从一个内心没有多少力量的人，成长为一个能从容应对任何变化的人。用这个变化驱动并点燃观众的内心，激发大家改变的欲望。

第二，找到观众的痛点，引发他们去思考。在上面的演讲中，我找到的痛点是：现在很多海归以及年轻人都很焦虑，而大家的焦虑来自祈求稳定，害怕改变，担心出其不意的变化。这个痛点戳中了观众的心。随后，我又提到了一个社会现实问题，那就是：到底什么是真正的安全感？安全感就是要接受社会就是不安全的这个事实。大家的内心首先要被戳中，被戳中并引发触动之后，就会做出改变的决定。

第三，针对观众的特点，用思想点燃他们的内心。一旦他们的内心被点燃了，就会有想改变和做决定的动力。因此，在我们的演讲中，要针对观众的不同特点，准备不同的金句，通过故事来包装这些金句，让观众听到后，能有所思考，最终做出改变的决定。

▌引发观众行动才是真正的影响力 ▟

大家可能听过这样一句话："听过太多的道理，却依然过不好这一生。"那是因为虽然"听过""触动过"，甚至"反思过""决定过"，但是，从来没有"行动过"。精彩的演讲除了能让观众有所触动、做出决定外，最高境界是能让观众采取行动。要让他们采取行动有一个必要的前提，那就是我们演讲的内容必须真实，情感必须真诚。

2020年注定是不平凡的一年，开年就遭遇新冠肺炎疫情。在这期间，我也没闲着，联合发小古典，发起了一场抗疫募捐活动。为了把影响力扩大，我做了一场线上公益直播演讲，希望能把正能量传播给更多的人，同时，引发更多的人加入我们，参与募捐，并且投身到抗疫工作中来。

"亲爱的各位小伙伴，各位朋友们，大家晚上好，我是安妮！非常开心以这样的方式跟大家分享和交流募资赈灾的整个过程。今天的直播演讲共有三部分内容：首先，我会讲一下，如何通过朋友圈的力量，在二十多天里撬动上千万元资金，前后采买了十七批左右的物资，联系五百多家医院，并且将这些物资发送到三百多家医院。其次，我会主要讲一下如何靠个人的人际关系，通过朋友圈的力量，去撬动帮助链接全球物资的采购，以及去安排包机，等等。第三，后疫情时代，我们该如何启发个人势能及其建议。"

我先跟大家介绍了整个募捐的过程，让小伙伴们知道，其实，只要愿意，大家都可以做到。之后，我开始针对这次募捐，阐述我的观点，通过观点去启发他们。

"这件事给我的启发是什么呢？第一，一定要用心经营我们的朋友圈，通过朋友圈来树立我们的标签。这么多人找到我，想通过我给大家提供些帮助，是因为他们信任我，并不是有多了解我。其实，他们中的很多人我都没有见过，名字也叫不出来，他们是通过我的朋友圈了解我的。因此，你的朋友圈就是你的标签。想让大家看到一个怎样的自己，要树立一个怎样的标签，就要在朋友圈发相应的内容！我的建议是，一定要在朋友圈树立正能量的标签，同时，你的优秀一定要被人看见——人家连你是谁都不知道，又怎么会喜欢和信任你呢？第二，一定要培养协调和解决问题的能力。这是未来非常重要的一种能力。

"此外，我想分享的是，后疫情时代，我对如何发展个人势能的认识。我认为，淘汰你的从来不是你的竞争对手，而是你的观念未跟上时代的要求。这场突如其来的疫情危机，让很多企业面临巨大的困难，甚至是生与死的考验。很多人问：是不是很多人都会很惨？对于生命力顽强及未来导向型的人来说，他们不会被这个社会淘汰。第一，危机可以考验自我，更能够锤炼自我，我们也可以在危机中谋求更大的发展空间。在疫情来袭之后，也许新的生活方式和社交方式会破土而出，这何尝不是机会呢？第二，我们一定要想办法提升自己的影响力，未来的世界真的不仅是能力竞争的世界，更是影响力竞争的世界。

"那么，到底该怎么提升我们的影响力呢？

"我有三种途径：第一种是口头表达，第二种是文字表达，第三种是视频表达。什么是口头表达？比如我去演讲、做直播，这就是口头表达的传递，它们可以帮助我提升自己的影响力。第二是文字表达，比如我写书、写公众号文章，就是文字表达的传递。第三是视频表达，因为 5G 时代到来了，我认为未来一定是短视频的天下，所以视频表达也可以提升我们的影响力。通过视频提升影响力，很重要的一点是要找到自己的价值主张，做一个有使命感的人。

"我一直觉得，打造个人影响力的关键点是要利他，就是要去帮助和成就别人。当我们全力以赴去帮助和成就别人的时候，其实最受益的还是我们自己。正如这一次募捐赈灾活动，我真的从头到尾就想多募集一些钱，多找一些资源，能够帮到需要帮助的人，而且我这一个月已经把我这几年的眼泪都流干了，也把眼睛都哭肿了。我太想把事情处理好了，废寝忘食，于是把自己给整出了毛病，全家人还把我隔离了三天。通过这样的行动，我反而收获了朋友的关心和认可，还突然一下人气爆棚。"

这段文字，要表达的是我的价值观和使命感。同时，我还想通过此，呼吁大家和我一起行动起来，抗击疫情。

"当我足够利他的时候，最后一定是利己。当我们努力为他人创造价值的时候，我们就成功了。人生，归根到底追求两件事：快乐和成功。快乐是在爱和被爱的过程中得到的；成功是通过努力为他人创造价值实现的。最后，我也呼吁大家和我一起抗击疫情，让我们通过自己绵薄的力量，为祖国的复兴和强大贡献力量。"

做完这场直播后，我收到了无数回复，影响力大增。但最让我意外的是，一个很少联系的律师姐姐，在直播结束一个月后联系我，向我表达感谢。她说："安妮，在这次疫情期间，我本来就想好好在家休息，带带孩子，陪陪父母。可是看你朋友圈每天都在买口罩捐给医院，我被你感动了。于是我也发动了我们公司的几十个律师募捐，通过客户资源的协调，我们买了两台救护车捐给了我们老家的医院。谢谢你的分享。谢谢你点燃了我，让我也有这个机会为社会做点事。"

另外，还有一个英国剑桥大学毕业的海归，在听完我的直播分享以后，也开始积极组织国内的剑桥毕业生给武汉的社区捐口罩。她跟我说，虽然在这个过程中遇到了很多困难，但是，当她意识到自己做这件事很有意义时，她发现原来自己的生命这么有价值。

收到她们的信息，我无比感动。精彩的演讲，就是能让观众采取行动，而这样的行动一定有益于这个社会。

那么，我是如何通过这场演讲，让别人采取行动的呢？我总结为以下几点：

首先，要在演讲中植入使命感。不管是个人使命、产品使命，还是品牌使命，都要在演讲中激情地表达出来，这样才能让演讲触动人心。只有内心被触发了，才会去采取行动。

其次，在演讲结尾，要引发观众共情，呼吁大家一起来做这件事。比如，可以说"亲爱的，让我们一起来实现共同的梦想"，或者说"让我们一起来为社会创造价值"，等等。观众通常喜欢做与自己相关的事情，所以，精彩的演讲，必须与观众互动，要让观众听完以后，能对他们自己的生命产生积极和正面的影响。因此，要想让观众采取行动，就要在结尾引发共情，呼吁大家和我们一起做这件事。

真正有影响力的演讲，就是能让观众和我们一起行动起来，用行动去点亮他们的内心，照亮这个世界。

▋能触动观众的故事，最有说服力 ▎

很多人都说，演讲是特别难掌握的一门技巧。只要一上台，就哑口无言，可是在台下，却滔滔不绝。不知道大家有没有发现，蹩脚的演讲千差万别，而精彩的演讲往往都有一些共同的特质。我们在生活中会看到各种各样的演讲。那么，哪些是蹩脚的演讲呢？

有一次，我参加了一个以海归人士为主的项目路演会，一位美女海归上台分享了她的项目。她是一个聪慧自信的"90后"，她的项目是关于一家连锁面包店的融资。我在台下认真地听着，发现她的PPT有六十多页，从头到尾，她都在说自己创业多么不容易，开了多少家店，每家店铺花了多少时间装修，投入了多少精力和成本，等等。本来路演会的现场有五十多人，有离场的，有玩手机的，甚至有当场打电话的，到快结束的时候，只剩下不到十人。由此可见，她分享的内容是多么缺乏吸引力。

我发现一个问题，很多演讲者在演讲的时候，只顾着自己表达，虽然他们讲了很多内容，却全然不考虑观众能吸收多少，也不考虑自己讲的内容到底与观众有什么关系。但是，人往往只在乎与自己相关的东西。因此，那类只关注自己表达、不关注观众需求的演讲，注定会失败。

演讲不是你一个人跳独舞，而是大家一起狂欢。你讲什么不重要，重要的是，你分享的故事内容与观众有什么关系。

还有一类演讲，也很容易"掉粉"。有一次，我去听一家商会的会长分享自己的故事。他是国内一家非常知名的上市公司的董事长。董事长虽然年迈，但仍旧对生活充满激情。大家早早地就来到现场。待观众席坐满了以后，董事长就开始说："你们知道你们为什么不成功吗？因为你们太执着，要放下执着，才能得到你们想要的。我告诉你们，现在你们的选择，大部分都是错的，你们应该……"这场分享会，已经变成了批判会。在这位董事长看来，大家都是不成功的人，尽管台下还坐着几位上市公司的老板。

这位董事长一贯的风格就是批判和讲大道理，所以他的演讲也是批判和讲大道理。他希望用道理来说服大家。可是，往往事与愿违，大家都不喜欢听大道理。因此，那场演讲也不尽如人意，董事长讲完了，台下都没有鼓励和赞美的掌声，场面很尴尬。其实，能不讲大道理，尽量不要讲，没有人喜欢被教育。

演讲不是用道理去征服观众，而是用事实和真诚去打动他们。

除了以自我为中心和讲大道理，还有一类演讲也不受欢迎，那就是站在台上念稿子。最常见的是公司开年会时的讲话。其实，我自己也有这个毛病。

在开始学习演讲之前，每年团队开年会，我都要做工作汇报。每年的工作汇报，我都希望把这一整年自己的功绩放上去，让大家知道"我很厉害"。于是，工作汇报就成了我自吹自擂的"表彰大会"。后来我逐渐发现，这类自我表彰并不会得到大家的喜爱，相反，他们还很排斥。哪有人总是吹嘘自己厉害的？可很多时候都是在吹捧自己多么优秀。可是，观众会想：你优秀和我有什么关系？我为什么要来听你说你有多优秀？在开始学习演讲之前，每年开年会汇报工作，我都非常紧张，我按照早就做好的PPT，一页一页地念，念完了我就走下台。我知道这不是一场精彩的演讲，因为，我关注的所有重点，都放在了PPT上。

演讲不是以PPT为中心，而应该聚焦于台下的观众。

那么，到底什么样的演讲才是精彩的演讲呢？其实，只要做到一点，你的演讲就很精彩了，那就是你讲的故事要让观众有所触动，包括情感的触动、思想的触动，以及意料之外的触动。

首先，是情感的触动。我曾经听一个快递小哥讲了他自己的故事。他说他以前是一个煤炭工人，工作一天只能拿到20元钱。为了养家，他做起了快递员。虽然有人觉得送快递只是一个跑腿的工作，但他觉得无比光荣，因为如果做得好，有的时候一天可以拿到300多元钱。他觉得虽然是送快递，但是能够帮助很多家庭解决问题，为大家提供方便，非常自豪。特别是疫情期间，有的快递小哥不敢给医院送餐，可是他却挺身而出，因为他觉得自己有责任和义务给大家带去方便。因此，在无数个风雨之夜，他坚持不懈，给医疗工作者送去了餐食。

　　这位快递小哥分享的故事非常朴实，也没有特别出众的结构和技巧，但是，把在场的观众都打动了。他讲的故事触碰了我们的内心。

　　其实，语言的魅力，就是真实，就是直击内心。不管你用什么方法，能触动观众情感的演讲，就很精彩。

　　其次，是思想的触动。我始终认为，一个有思想的人，在人群中一定是领袖。

　　有一次，我听了一场关于销售的演讲。那是一位其貌不扬的演讲者，他开篇就跟大家说："你们知道吗？你们现在做销售，都搞反了。你们都是在说销售技巧、销售套路、销售手段，以及研究客户心理等等，这些都是错的。"当他说到这里时，台下一片哗然。他接着说："做销售不是求别人买东西，而是要亮出你的价值。人通常喜欢跟对自己有价值的人做朋友。你求别人买东西是求不来的，必须靠价值去征服他们。所以，做销售的同学们，大家第一步要学习的是如何让自己充满价值。"

　　虽然是短短的几句话，现场却一片认同的掌声，包括我。我上过太多的销售课，都是研究技巧和套路的，很少跟大家谈论价值。而这位演讲者的分享，与很多其他讲销售的老师不同，他有新观点，能让观众有思想上的触动。有触动就有感动，被感动了，这就是一个精彩的演讲。

第三，是意料之外的触动。记得在几年前，我去北京参加一个天使投资协会的年会。当时，我是这个投资机构华南区的兼职秘书长。那天，上台演讲的是天使投资协会总会秘书长，也是我的领导，叫Kate。Kate是一位美丽优雅的女士，但给我的感觉是很高冷，平时话也不多，开口说话的时候，也都是骂人的时候。我对她敬而远之。因此，对她的演讲，我也不抱太大希望，我感觉肯定是念稿说官话。

那天，她穿了一身黑色的长裙，看上去很严肃的样子，让人感觉有点儿紧张和压抑。我想说，枯燥冗长的演讲要开始了，做好开小差的准备吧。果然，她一上台，自我介绍了一番之后，就打开PPT，介绍她这一年的工作情况，然后又打开一张纸，念了她的工作总结。真的是很沉闷啊，被我猜中了。一来二去，二十分钟过去了，我看到台下已经有人玩手机了，还有人悄悄离场。我也按捺不住地玩起了手机。本来以为她就要这样草草结束，突然，我听到台下哗啦啦的一片掌声，而且掌声越来越响亮，吓了我一跳。发生了什么事？

我抬头一看，只见 Kate 在面向大家鞠躬，演讲台上的 PPT 上写着：对不起，这一年给大家添麻烦啦！我一脸发蒙。咋回事儿啊？只见 Kate 保持这个鞠躬的动作，依旧不起身，整整持续了大约三分钟。观众们也很配合地给了三分钟热烈的掌声。此时，我的眼眶湿润了。要知道，Kate 可是高高在上的领导啊。平时跟她接触，她不是骂人就是修理人，大家都没有跟她沟通的胆量。找她的时候，如果没有准备好三个解决方案，就一定会被她狠批一顿。然后她会给大家讲各种道理。她就是这样一个喜欢给人讲道理、喜欢证明她做得正确的人。而这样的一个人，竟然在众目睽睽之下给我们鞠躬！要知道，平时掉地上一张纸，她都会命令下属去捡，她这个"女王"怎么可能去捡纸呢？这个鞠躬，真的是一百八十度大反转。而她鞠躬背后的原因是，她觉得自己做得不够好，她向大家道歉，希望求得大家的原谅，同时，她也表达了以后一定会更加努力为大家服务的态度和决心。

这个时候，我被触动了。我看到了一个真实的、全新的、有爱的 Kate。我本来觉得她的演讲就是一次秀自己成绩单的专业汇报，结果，她通过一个简单的鞠躬动作，引发了全场观众的赞美和掌声。

精彩的演讲，有时候并不需要内容有多华丽，故事情节有多曲折，技巧有多精湛，语言有多优美，而是要触动人，而且是大家意料之外的触动。

观众只要记住了这个点，就记住了你，就会觉得你做了一场非常棒的演讲。

其实，精彩的演讲，真的不需要你掌握多丰富的知识，也不需要有多专业，而在于能真正打动观众。大家都说演讲技巧很多，要知道，真挚地表达情感，才是演讲最有效的技巧。只有触动观众的演讲，才最有影响力和说服力。

这个世界上有太多优秀的头脑，但真正打动我们的，是让人感动的灵魂。

The power of storytelling

故 · 事 · 演 · 讲 · 力

02 提升故事演讲力的
关键因素

好故事的三要素：细节、情节、价值观

TED 演讲可以说是全球知名度最高的一个演讲舞台，也是我非常喜欢和积极关注的领域。为了学习演讲，我几乎把 TED 演讲的视频都看了个遍，希望找到其中的规律。还真的被我找出了一个共同的特性，那就是：TED 演讲出色的人，都会讲故事。我的总结是：优秀的演讲者，一定是讲故事的高手。

前几天听了一个关于抖音运营的讲座，给我们上课的老师叫 Nico，她是日本稻盛和夫中国抖音账号的官方运营商。Nico 老师讲了一句话，让我记忆深刻，她说：抖音其实就是一个互联网故事大赛平台，能在抖音上取胜的，几乎都是靠讲好故事。会讲故事真的是一个人的核心竞争力。

那么，到底要如何设计好以及讲好故事呢？

其实，简单来说，一个好故事包含三个不可或缺的要素：细节、情节和价值观。细节就是对具体的人、事和物的描述，对动作的描述，对场景的描述，等等。把细节描述得越细致越好，这样才会让观众有代入感。情节是一个故事的关键点和转折点，如果没有情节，那么你讲的就不是故事，而是一个故事的梗概或摘要。价值观就是讲故事的人对事物的认知、理解和判断。没有价值观的故事，注定无法引发观众的共情和共鸣。价值观就像一把火，到最后的时候突然燃起，让你的故事变得有价值、有意义。

好了，首先我们说一下什么是细节，以及如何描述细节。我举个关于刻画细节的例子。

"昨天晚上，我遇见了我的前任。那时已经很晚了，我刚刚结束工作，在回家的路上。穿过那条林荫小道，我看见一位高大威猛的男士，站在昏暗的路灯下，低头看手机。那位男士穿着一件大衣、一条牛仔裤和一双运动鞋，头发有点凌乱，貌似另一只手里拿了一束花。由于灯光实在太暗了，我看不到他的脸，只看到那个高大帅气的身影。

"我继续往前走，心想：这个人应该挺帅，挺帅的人应该不会打劫吧？我不敢再看他，拼命地往前走，只想快点儿回到家。突然，一个黑色的身影挡在我面前。我吓坏了：不是要打劫吧？我可没钱啊。我抬头一看。是他，我的前男朋友！

"我问他：'你这是在干吗？'他把一束红玫瑰举在我的面前，用含情脉脉的眼神看着我，动了动嘴唇，似乎想说什么，然后又咽下去了。就这样来回三次，他终于开口了，说：'小英，我们和好吧。我发现我最爱的人还是你。'然后，他眼眶里充满了泪水，我感受到他是认真的，也感受到了他的紧张和他的忏悔。"

是不是很有代入感？细节描述越细致，就越让观众有代入感。可见有生动的细节刻画的故事，更容易俘获人心。

接下来我们说一下情节。

什么是情节呢？我们先来看下面这个故事。

"在一个很恐怖的夜晚，爸爸妈妈都不在，家里只有小女儿一个人。

"这时候，电话铃突然响了起来，小女儿接起电话。

"是妈妈的声音：'女儿，千万别打开爸爸妈妈的卧室门，千万别打开……'然后电话那头突然就挂断了。

"小女儿自己一个人非常害怕，她觉得卧室门后面好像有什么东西。

"强烈的好奇心和对于黑夜的恐惧驱使她走向了父母的卧室，拉开了房门……

"你们猜，后来怎么样？

"其实答案很简单，当小女孩打开门的一瞬间，就被迎面而来的生日蛋糕和蜡烛惊到了。她被吓哭了。"

这就是好故事的第二个要素——生动的情节。

情节的设置就是悬念的设置，也就是吊人胃口。越是有反差的故事情节，越能让观众跟着往前走。看过韩剧的朋友都知道，韩剧之所以那么吸引女观众，是因为它的情节设计总是让人抓心。比如，女主人公明明很爱男主人公，但硬是不说，硬是表面上看着坚强和不爱，背地里却爱得死去活来。然后，女主人公往往都是"得了白血病的灰姑娘"，而男主人公往往是"高富帅"，虽然女主人公没有显赫的背景和地位，但是男主人公就是爱她爱得死去活来。韩剧的剧情用一个关键词形容，叫作"虐"，越是虐心的剧情，往往就越受观众欢迎。

最后，要讲好一个故事，还需要营造正向的价值观。

曾风靡一时的一部电影《摔跤吧爸爸》，讲的是一个爸爸如何训练自己的两个女儿，让她们成为摔跤冠军的故事。有人说是这位爸爸因为没有儿子，所以希望他的女儿们能替他实现自己的梦想。可是这部电影最终想表达的是这位爸爸的自私吗？我认为不是。我记得影片里有一个片段，让我记忆犹新。爸爸的女儿们从小就被剃光头当男孩子使，不能打扮得美美的，不能参加女孩子们的聚会。有一次，她们跑出去参加一个同龄女孩子的婚礼，两个女孩子看着打扮得很美的新娘，内心很羡慕，觉得这个新娘很幸福。谁知，新娘却说：你们才是幸福的，你们不用在小小年纪就被逼嫁给自己不喜欢的人，你们也不是任何人的附属品，你们可以选择自己想要的人生。而就是这段话，点亮了整部剧的价值观。

这个故事主要告诉我们：女人也可以凭自己的努力，选择自己想要的人生，而不是作为男人的附属品。这部电影之所以打动人，不仅仅是因为它有独特的价值观，还因为这个价值观蕴含着普适性。

精彩的演讲，最终就是想通过讲故事表达一个正向的价值观，这个价值观要么能感动台下的观众，要么能与观众产生共鸣。你也可以理解为，这个价值观一直藏在观众心里，

只是被你说出来了而已。如果观众想说的话被你说出来了，
他们能不成为你的忠实粉丝吗？

其实，细节、情节、价值观，可以用在任何场合的演讲
里。这是一个非常好用的百搭技巧，即便是用来回答朋友的
提问。你问你的朋友："你为什么喜欢小狗？"如果不考虑
细节、情节和价值观，他可能会说："因为小狗可爱、听话、
忠诚，还可以给我解闷……"这个回答会不会很普通，感觉
没有任何新意呢？

但如果加入细节、情节和价值观，就可以这样回答：
"我是独生子女，没有兄弟姐妹，在我上小学的时候，爸爸
送了我一条小狗，名字叫波波。波波三个月的时候就来到了
我家，那个时候它还很小。记得它刚来的时候，眼睛都还没
有张开，毛茸茸的，像个小棉球一样。它陪我一起散步，一
起踢球，一起吃饭，一起写作业。我帮它洗澡，剪毛。我的
整个童年都是和波波一起度过的。

"记得有一次，一个快递小哥到我家来取快递，波波对
那个小哥非常凶，怎么都不让他拿走那个快递。我当时急着
寄快递，看到波波一直在阻挠，非常生气，就把波波痛打了
一顿。我记得波波被我打得很惨，痛苦地在那儿呜呜呜地

叫唤。

"后来，我把这件事告诉我妈。妈妈跟我说：你不应该打波波，你知道波波为什么会对那个快递小哥那么凶吗？因为在波波的认知里，快递小哥要拿走我们家的东西，它不知道那个人是来取快递的。它是为了保护我们家的财产，它是一个护主的小狗。你看，如果是你取快递，它就肯定不会凶你。听完妈妈的一席话，我万分难过，我错怪了波波。波波是一只善良有爱的小狗。

"所以，我想，不论是对待动物还是人，我们都要一心为善，不要用恶意去揣测对方。况且，人受了委屈，还可以说出来，狗狗受了委屈，连说出来的能力和机会都没有。在狗狗的世界里，只有我们，所以，我们一定要善待动物，要让它们也感受到我们的温暖和爱。"

运用细节、情节、价值观这个技巧，你也可以讲好一个故事。一个会讲故事的人更迷人哦！

好故事要有直击人性的矛盾细节

人生是很奇特的，就像俄罗斯套娃，大娃娃里套着小娃娃，大矛盾里套着小矛盾，一层一层，层层包裹。因此，矛盾是我们需要面对和正视的，矛盾才是我们人生的主线。

纵观那些大片，之所以那么让人着迷，是因为这些电影塑造的故事中充满了矛盾。这些矛盾，很多时候反映的是人性的本质。所以，要讲好一个故事，第一点就是要了解人性，要渗透人性中的矛盾，而且要通过故事，把这种矛盾细致地展现出来。一个能展现人性矛盾细节的故事，才是迷人的、性感的、有吸引力的。

曾经看过一部意大利电影《完美陌生人》。这部电影反映了人性中的复杂面。影片中层层深入的矛盾调动了观众的情绪，让观众的情感随着电影情节起起伏伏。作为观众，我的情绪不但被调动，同时还在思考，如果我是电影中的人物，我会怎么办。

电影讲述的是七位好友，其中有三对夫妻，还有一位单独参加晚宴的男士，大家一起吃饭聊天，说说笑笑。这本来应该是一场朋友间的完美聚会，欢乐开场，欢乐结束。可是，有一个人提出，大家玩个游戏吧，把手机都放在桌上，不管谁的电话响了，都必须公开。这个提议一提出，其实已经有了分裂。坦荡的人觉得很好玩，心里有鬼的人觉得很无聊。但最后，大家都接受了这个提议，因为你不能拒绝，一旦拒绝，就表示你心里有鬼。

《完美陌生人》这部电影中的每个人都有自己的秘密，而且都被曝光了。大家来的时候，和和睦睦。可是电话响起后引起的各种"狗血"现实，却把大家的关系弄得支离破碎，也把真实的人性表露得淋漓尽致。

为什么观众喜欢看这部电影呢？我的理解是，表面上的谈笑风生体现出了人性的美好，摆在明面上的和睦、融洽是大家对人性美好的向往。同时，人性又是矛盾和压抑的。成年人的生活充满了复杂性和多样性，每个人都有秘密，这个秘密是属于每个人自己的独立空间。或者说，这是对另一种美好生活向往的寄托。人就是在这种矛盾中纠结着，选择着。也正是因为有这种矛盾，才让电影更真实，也更能让观众的情绪跌宕起伏。

这个故事表明了人性是美好的，也是矛盾的。不论如何，如果我们讲的故事能够回归到人性，衬托或者激发这种矛盾，就会引发观众听下去的欲望。所以，精彩的演讲都要直击人性，要渗透人性中的矛盾。

此外，精彩的故事要分享人性中的真善美。我发现有一部电影，深受很多三到五岁的小女孩欢迎。这部电影就是《冰雪奇缘》。我女儿三岁的时候，整天"let it go, let it go"（《冰雪奇缘》里面的歌词）地吟唱着。幼儿园的化装舞会上，她每次都要扮成爱莎女王；定做生日蛋糕，也要做同款爱莎蛋糕。我本来以为只有她一个人喜欢这部电影，结果女儿同学的妈妈们也纷纷跟我说：我女儿就是爱莎的超级死忠粉。

这让我很纳闷，我很好奇这部电影到底有什么魔力，吸引了那么多小粉丝。研究了一下才发现，这其实是一部讲人类世界真善美的故事。女主人公爱莎女王和安娜公主都是善良美丽的人，姐姐拥有一种神奇的魔力，能让一切变成冰块，因此，为了不伤害人类，也为了不让别人知道，姐姐一直被关着，被保护着。后来，国王和王后都去世了，姐姐被迫登基做了国王。在登基的那天，因为姐姐反对妹妹嫁给一个陌生的男人，而不小心触发了自己的魔力，把殿堂变成了冰雪王国。大家都觉得姐姐爱莎是妖怪，姐姐只好一个人躲进深山里。可是妹妹安娜深爱姐姐，她知道姐姐也爱她。为了这种爱，她不顾大家的反对要去深山里解救姐姐。

影片的最后，妹妹安娜用自己的性命保护了姐姐，结果被冻成冰雕。姐姐爱莎抱着妹妹安娜的冰雕像不停地哭泣。最后，爱莎用她对安娜的爱，化解了冰雪，解救了安娜，控制了寒冬。

影片时时刻刻都在传递着两姐妹的真诚、善良和美好。正是这种真善美，让这部电影不但被很多小朋友喜欢，也深受很多大人的欢迎。

看似简单的故事，其实无一不透露出人性的真善美。而往往是这种具有真善美的故事，才能流传很久，甚至一代传一代。就好像我小时候喜欢听的童话故事，我女儿也很爱听，永远不会过时。

记得有一天晚上，我给女儿讲《海的女儿》这个故事。故事说的是一个小美人鱼，在她十五岁生日的那一天，获得可以到海面看世界的机会。碰巧小美人鱼看到一位年轻的王子落水，小美人鱼奋不顾身地救了王子。但她因为不是人，只得黯然地离开岸边。待王子醒来后，看到了另外一位姑娘，她是邻国的公主，王子以为这位公主是他的救命恩人。

随后，王子回到了他的王国，小美人鱼回到海里。可是，小美人鱼从此爱上了王子，她很想再见到王子。

为了能再见到王子，她找到了女巫。女巫告诉她，有一种药水，喝了以后就会拥有一双腿，但是将永远失去美丽的声音。小美人鱼没有半点儿犹豫，喝了药水变成了人，但是却失去了美妙的嗓音。她来到王子的王国，见到了王子，但是，她不能说话，也不能告诉王子是自己救了他。不过，她却可以陪在王子身边。王子并没有认出她是谁，也不知道是她救了他的命。

最后，王子要和邻国的公主结婚，小美人鱼非常伤心。但是，她已经失去了再回海里的机会，因为在她选择变成人的那一刻，她就失去了回到海里的权利。她的姐妹们为了救她，把自己的长发都剪了，换来了女巫的一把匕首。只要小美人鱼用匕首刺中王子的心，她就可以拥有鱼尾，回到自由自在的大海。但是，小美人鱼在最后一刻还是放弃了，因为她爱王子，她不忍心伤害王子。小美人鱼宁可自己受苦受难，也不愿让心爱的人受到半点儿伤害。最后，她变成了一堆泡沫，消失在了空气中。

女儿特别喜欢这个故事，每次我讲完后，她都会沉浸在故事里，然后问我："妈妈，小美人鱼这么做是因为她很善良吗？"我回答："是的。"女儿接着说："妈妈，我以后也要做一个美丽善良的公主。"小孩子的心永远是纯粹的。

我在想，为什么女儿对这个故事百听不厌？可能就是因为，这是一个传播人性真善美的故事。而这样的故事，总是会牵动我们的心，展现我们内心的美好，让我们久久不能忘怀。

正如威廉·福克纳所说的，人性，是唯一不会过时的主题。所以，精彩的演讲要回归人性，不但要展现人性中的矛盾细节，还要分享人性中的真善美。

好故事要有冲突的情节和价值观

演讲一定不能像白开水一样，寡淡无味，而是要让观众感受到情节的跌宕起伏。故事的发展，也应遵循一个脉络——平衡，失衡，再平衡。所以，要想讲好一个故事，必须设计冲突——不但情节要冲突，价值观也要冲突。有冲突的剧情，才是好剧情。

制造冲突是讲故事的核心技巧，冲突＝渴望＋障碍。

我们来看一下一位女士讲的下面这个故事。

我出生于一个单亲家庭。妈妈在我很小的时候就离异了，我和妹妹跟着妈妈一起生活。爸爸在我八岁的时候就已经不知去向，别说抚养我们了。我们只能跟着妈妈。妈妈没有什么文化，找不到高薪的工作，只能在一家小商店当收银员，拿着微薄的薪水，每天早出晚归，非常辛苦，不但要养活我，还要养活六岁的妹妹。我们的生活非常拮据。为了贴补家用，妈妈没日没夜地工作着。她白天上班，晚上还要做零工。我和妹妹都很心疼她，只能拼命学习来回报妈妈。

妈妈告诉我们，在这个世界上，爱情是不可靠的，男人是靠不住的，唯一能依靠的只有我们自己。于是，我很努力地读书，毕业以后又很努力地工作。因为我知道，这个世界上爱情都是骗人的，男人也不可信，我所有的幸福，都只能靠自己的力量去获得和争取。这就是我的信仰。

对爱情没有信仰的我，在遇到了他之后，却产生了信仰。他是我上司的大学同学。我们在一次会议中相识。那一次，我不小心把我的记事本遗落在了会议桌上，因为赶着下一场会议，我匆忙地离场了。他拾到我的记事本，急急忙忙跑下楼，一直追着我，送到我面前。他说看到这个本子里面好像有很多工作的安排，怕我着急用，也怕耽误我的工作，所以赶忙拿给我。我看到他因为跑得太快，衣服都被汗浸透了。我想，这个人一定是好人。他对陌生人都这么好，对女朋友一定更好。说实话，我也挺被他感动的。后来，我们的联络多了起来。

再后来，我们恋爱了。他每天早晨送我上班，每天晚上回到家，我们一起做饭吃，一起看电影，聊天。是的，我们有聊不完的话题，我感觉我们上辈子就是情人，所以，这辈子才会相遇。同时，我也觉得爱情真的不像我妈妈说的那么可怕。爱情是一件很美好的事情。我感觉我很幸运。我觉得，我是这个世界上最幸福的女人。我觉得爱情是这个世界上最美好的东西。感谢他的出现，他让我的生命变得更有力量了。我觉得此刻的我，真的很幸福。

这就是一个价值观冲突的故事。女主人公本来是不相信爱情的，结果遇到了一个男人，开始相信爱情了。她的价值观发生了转变，从不相信爱情、不相信男人，到相信爱情、相信男人。由此可见，有冲突的故事，价值观发生转变的故事，才是吸引人的好故事。这样的故事会引起我们的情绪波动。

其实，用一句话来概括就是：情理之中，意料之外。或者说是具有戏剧性。

所有的演讲者都必须知道，故事都是真实生活的写照。一个优秀的演讲者在长达一两个甚至几个小时的演讲中，可能会讲好几个故事，但是几乎都在告诉观众：生活就是这样！虽然故事描述的主人公和场景不同，但故事的价值观是可以传递的。

而价值观的冲突，就是我们真实生活的比喻和写照。我们在现实生活中，可能会遭遇各种各样的不公、打压，甚至冤枉。当我们遇到这种状况的时候，我们努力去消化、处理和面对，最终，在这个过程中，我们变得上进、美好和快乐。这一切，都可以通过故事中冲突的价值观来体现。

会讲故事，就是要会与观众共鸣和共情，而价值观的波动，就是在点燃观众的情感，让观众产生情绪波动。一旦如此，观众就会跟着你故事的节奏，一直往前走。

人物形象有成长性才更吸引人

　　精彩的演讲，其故事中的人物（主人公）的性格特质是要成长的。如果人物从始至终一成不变，那么，就构不成生动和有灵魂的好故事。

　　好故事中的人物形象通常非常鲜活生动、有血有肉，不是冷冰冰的。而通过这个故事的发展，这个人物还发生变化了，这就会直击观众的心灵，让彼此产生共鸣。

　　那么，要如何塑造好人物的形象，同时又要让人物成长呢?

　　这里有三种塑造演讲故事中人物形象的方法，通过这些方法，可以让人物得以成长。

　　首先，这个人物要会"做什么样的事情"，通过做这些事情，来表达他自身的性格，衬托他的信念。因此，你在讲故事的时候，不要去想这个人物是怎样的，而是要去想，这个人物会"做什么样的事情"，让他的价值观发生转变和成长。

比如说，有部电视剧中有这样的一个情节：

有一个单亲妈妈，为了生活，她不得不做着社会最底层的工作——舞女。因为要生活，还要养活儿子，这位单亲妈妈的生活非常艰难。这位单亲妈妈，由于自己从小缺乏爱，所以，她也不知道如何爱孩子，她对儿子是又打又骂，还抱怨说，如果不是因为儿子，她早就嫁人过上幸福的生活了。她把自己人生的悲惨都怪罪到自己的儿子身上。

可怜的儿子是个善良的孩子，但是他每天在学校要忍受同学们异样的眼光，因为他妈妈是个舞女；回到家，他还要忍受妈妈奇怪的脾气和无缘无故的打骂。终于有一天，可怜的孩子忍受不了了，决定离家出走。他一个人拖着行李箱，拿了几块零钱偷偷摸摸跑到火车站，准备坐火车逃走。

单亲妈妈回到家，发现儿子不见了。她简直快疯了，急得到处找儿子。后来，她在儿子的日记本里看到，儿子最喜欢听火车启动的声音。于是，她飞奔到火车站，终于在火车站找到了在等车的儿子。从来不屈服、不低头的妈妈，终于忍不住泪流满面，抱着委屈的儿子说："亲爱的宝贝，妈妈爱你，请原谅妈妈的无理取闹和任性。请不要离开妈妈好吗？"

这个孩子从未听过妈妈如此谦和地与自己说话，儿子也流泪了。他是爱妈妈的，只是他无法理解妈妈的行为。此刻，他被妈妈的话语打动了，与妈妈紧紧地拥抱在一起。

单亲妈妈这个人物形象得到了升华。她一直有爱，只是不知道怎么表达出来，而儿子的离开，逼着她必须表达出最真实的情感。一个不会表达爱的妈妈，真诚地向儿子表达了所有的爱。儿子被感动了，观众也被感动了。因此观众才会跟着剧情的发展继续往下看。

在这个故事中，女主人公做了一件让她儿子意想不到的事情，就是真挚地表达了她对儿子的情感，并且请求儿子原谅自己。本来是一个不被儿子喜欢也不被观众接受的糟糕妈妈，通过这样一个举动，展现了自己最真实的脆弱，最后得到了儿子的原谅，也引发了观众对她的同情。观众会觉得这个人物的形象是生动的，是有血有肉的，是可爱的。同时，这个人物形象也从一个不会表达自己，不会展现自身脆弱的一面，不会吐露情感的悲惨妈妈，变成一个有爱的真实的妈妈。人物形象在这种矛盾冲突中得到了升华。

其次，做观众"意料不到的事"。精彩的演讲，其故事中塑造的人物形象，有可能通过一些大家想象不到的事情，而让观众喜欢和追随他。同时，这件意料不到的事情，又让观众觉得大快人心。故事中的人物是否真的成熟、智慧并不重要，重要的是，观众都觉得他成长了。

我最喜欢的一部电影是《肖申克的救赎》，这部电影我百看不厌。男主人公本是一个年轻有为的银行家，可是他被控告杀害了自己的妻子和她的情夫，被送进了监狱。事实上，男主人公是被冤枉入狱的，杀手并不是他。男主人公最终被判无期徒刑，进入了一个叫肖申克的监狱。在狱中的几十年里，他做了一个惊人的举动——在监狱里挖了一个地道，最终逃出监狱，获得自由。而且男主人公凭借自己的智慧，还获得了财富。

这部电影真的很经典，我们看到了整个故事中，男主人公不声不响的惊人举动。而通过这个故事，我们感受到了男主人公的成长和变化。

任何一个人，如果遇到男主人公这样的遭遇，估计都会失去理智，然而男主人公却是个例外。他从刚开始无法接受，到后来定下目标，不抱怨生活对自己的不公，只是默默地努力去把握自己的命运。他冷静、勇敢、顽强、从不放弃，用智慧进行反抗。随着剧情的发展，我们看到了故事塑造的这个男主人公的性格在变化，身心在成长。

可以说，男主人公在监狱中成功地找到了自己，并且实现了自己的目标，也完成了人生的自我救赎。入狱前，他是一个不善言辞的人，不会表达自己的情感。虽然他很优秀，看起来很成功，但是他没有朋友，甚至连自己深爱的妻子也背叛了他。而在狱中，他收获了人生中的挚友，同时也学会了如何与人沟通和分享，还放下了自私。最终，男主人公越狱成功，获得了自由，通过自己的勤劳和智慧，过上了自己想要的生活。

第三，从不可能到可能。在演讲的故事中，我们要构建人物从接到一个不可能完成的任务，通过各种努力，经历重重挑战，最终完成了它的架构。这就是一个人物成长和逆袭的精彩故事。从可能到可能，这是生活；从不可能到可能，这是艺术。

最后，千万不要把你演讲中的人物展现得完美无缺，因为越完美，往往就越不真实，观众越不信，就越不爱听。而且完美的人设往往就没有成长的空间了。我们所讲的故事中的人物是要成长的，因此，要为这个人物设计一些小缺点，为他最后的成长埋下伏笔，要让他有机会和空间变得更好。

比如说，有一个优秀的女职业规划师，长得很漂亮，个子高，身材好，学历高，专业能力又很强，就是有一个缺点——不爱笑。正因为她的这个缺点，很多伙伴觉得她这个人很高冷，没有亲和力，也不太适合深交。有的时候，客户指定团队成员合作，也会避开她，美其名曰"她能力太强，怕掌控不住"。实际上，她只是看起来冷冰冰的，内心却很温暖。但就是这个冷冰冰的形象，导致她丧失了好多机会。

后来，她认识了生命中最重要的一位男人。当她陷入爱河的时候，一贯冰冷的心立即变得火热起来。男朋友告诉她："亲爱的，你笑起来像天使一样，你笑的时候也是我最快乐的时候。我好喜欢看你笑。"从那一刻起，她变得活泼、爱笑、开朗，她的人生也发生了转变和升级，事业越来越兴旺，工作机会越来越多，人缘越来越好，生活越来越顺畅。

她没想到自己的笑容对自己会产生如此大的影响，没想到这简简单单的微笑，让她的人生变得越来越幸运。

所以，保留一些小缺点，让这个人物有成长的空间，是塑造演讲故事中人物形象的一个很重要的技巧，也是我们所讨论的让人物成长的艺术。

03 爆款演讲的
设计逻辑

▶"金句＋故事＋使命"模式◀

运动机理学把运动员分为两类：一类是训练型选手，另一类是比赛型选手。训练型选手，在训练时表现通常比较出色，但一遇到比赛往往就掉链子，成绩比训练时下降很多。而比赛型选手则相反，在训练时不紧不慢，但一到比赛往往能赛出绝佳成绩。

在演讲中，也有训练型选手和比赛型选手。有的人在私下讲话时，总是给人一种有气无力的感觉，但只要站在台上，那简直像变了个人，情绪高昂。是的，他可能天生就喜欢站在舞台中央的感觉。而大部分人，在台上可能就会支支吾吾，而在台下又是滔滔不绝。

鉴于此，我建议大家在学演讲之前，先鉴定一下自己属于哪一类，这样才能对症下药，有针对性地练习。

其实我不属于比赛型选手，我也是训练型选手。舞台上的我和舞台下的我是两个人，只是过去的我，在舞台下反而更有气场。我是通过不断的训练和总结，才锻炼出了自己的演讲能力的。我研究过很多名人的演讲，看过各种演讲的书，上过各类演讲课程……在这些基础上，我自创了一种演讲结构。这个结构就是"金句 + 故事 + 使命"。我发现这个结构特别适合像我这样的普通演讲者：没有很强的演讲功底，也没有任何天赋，但是有一颗想学好演讲的心。如果你也是这样的人，那么恭喜你，掌握了这个结构，再加强训练，我保证，你也可以在台上闪闪发光。

现在，就让我来详细解释一下这个独特的演讲结构。

金句，是能够让观众记忆深刻，并且会产生反思的话。

故事，最好是你的亲身经历或与自己有关的故事，用很真诚的方式讲出来。

使命，就是你做这件事的意义——你的价值观和主张。比如说，马云推荐淘宝，他不会直接说："大家好，我今天想给大家推荐一个电商平台，叫作淘宝。"他很可能会跟大家说："大家好，我今天来到这里，是想跟大家分享我人生的使命。我的使命就是让天下没有难做的生意。"其实，这背后的目的也是推广淘宝，只是把格局拉高了几个档次。

演讲不是讲课。演讲的时间不长，观众的耐心也有限，所以我们在开讲后的最初约十秒钟，就需要用"共情"的方式抓住观众的注意力。这才是完美的开场。

第一个重点，是金句。在我看来，金句是演讲的灵魂。观众听你讲了那么多，可能到最后只会记得印象最深的一句。比如，"碧桂园，给你一个五星级的家"，"怕上火，喝王老吉"，"好空调，格力造"。这就是金句的魅力。因此，精彩的演讲，一定要用到有灵魂的金句——有灵魂的意思是，这句话要能打动人，并能深入人心。

第二个重点，是故事。人容易被有血有肉的故事打动，但不容易被干巴巴的图表和道理说服。最差劲的演讲，就是一直在念 PPT 上的内容，或者一直在讲道理。所以，演讲者一定要学会讲故事。这个故事最好是亲身经历的，有切身体验的，还要有价值观的冲突，主人公应该有所成长。另外，在故事的讲述中，情感要有变化。通常，在开场的时候，情感是幽默的，之后是紧张的，然后是纠结的，最后是温暖的。结尾要让观众感受到爱和美好。

第三个重点，是使命。精彩的演讲一定要有使命感。你要想清楚：我为什么要做这次演讲？这次演讲和台下的观众有什么关联？这次演讲能为社会创造什么价值？……有使命感的演讲，才能打动观众。

一次，深圳市海归协会举办海归论坛，我作为主办方的代表，要做五分钟的演讲。我按照自己总结的方法和技巧，设计了这次演讲。首先，我明确了演讲的主题——我们为什么要办海归论坛。其次，明确了观众的需求。这次演讲的观众都是年轻的海归，演讲的内容和风格要对他们的"胃口"。再次，演讲的时间不能太长，因为我不是主角，海归论坛的五位嘉宾才是。按照这个逻辑，我写下了三组关键词：一个故事（告诉大家我们为什么要办这个活动）、一个金句（我对五位嘉宾的欣赏和尊重）、共情（引发台下观众的共鸣）。

于是，在活动开始前，我上台进行了五分钟的演讲。

"亲爱的海归朋友们，大家下午好！我是深圳市海归协会的秘书长安妮。"首先，自报家门。

"前段时间我去上课，老师跟我说，如果我希望自己持续进步，需要找一个榜样。可是找来找去，我真的没发现谁可以成为我的榜样。但是，后来我去复旦大学培训，被一位

'女神'圈粉了。她成了我的榜样。大家知道她是谁吗？"我继续与台下的观众互动。

"陈果。"有人喊出来。

"对了，就是陈果。陈果是复旦大学的'女神'教授。她最吸引我的，就是她的洒脱和随性。她从不做任何人生规划，也从来不自律。她常说：'明天和死亡不知道哪个来得更早，所以我为什么要做计划？'有人问：'陈果，你都四十岁了，没钱没车没房，你乐什么呀？傻乐。'可是陈果却回答：'如果老天爷眷顾我，给我很多物质财富，那真是太好了。如果老天爷觉得我已经拥有很多，不再给我物质，那么，请大家相信，我一定会用最优雅的方式，来过这种尊贵的贫穷生活。'我被陈果的这番话打动了。"

"这个故事刚好诠释了我们为什么要做海归论坛。我们其实就想展现不同海归的生活方式。我们想告诉你们：有些人这样生活，有些人那样生活——每个人都有自己的生活方式和生活态度。只要努力生活，每个人都是值得我们尊敬的。你们说是吗？"我继续和台下的观众互动。台下响起了一片掌声。这个时候，我要引入几位演讲嘉宾了。我还加入了金句。

"人生就像一出戏，虽然没有完美的剧本，但可以有完美的演技。今天演讲的五位嘉宾，他们是我心中的奥斯卡最佳演员。他们用不同的方式诠释了自己的人生。他们每个人都在告诉我，人生的意义到底是什么。我认为是：找到你自己，成为你自己，全力以赴地去实现你自己。最后，预祝第八届海归论坛圆满成功。同时，希望在座的每一位小伙伴，都能成为最好的自己。"

虽然演讲只有五分钟，但现场的效果超级好。我发现，只要使用"金句＋故事＋使命"的模式，整个演讲效果就好太多了。活动结束后，很多人加了我的微信，说被我的智慧吸引了，想认识我。其实，我并没有做什么特别的事，只是调整了自己的演讲模式，就打造了一场爆款演讲。

"金句＋故事＋使命"，这是我研究出来的独特的演讲结构。掌握这个小技巧，作为一个演讲"小白"，即便没有天赋异禀的演讲才能，也可以成为演讲高手。

先僵化，后优化，再固化

前两天有个小妹妹问我，现代社会节奏太快了，她很希望进步，很想学习，但是不知道该如何学。她觉得每天好像吸收了很多信息，可是又发觉自己一年到头什么都没有学会，这是为什么？因为我们每天接收的信息太多，当你的大脑每天被海量的信息充斥着，你可能都不知道到底什么是重要的了。

那么，如果想改变现状，要怎么做呢？

有一个很好的学习方法叫作"三化"——先僵化，后优化，再固化。即先找到一个榜样，再学习他的优点和特点，然后照搬到自己的生活与学习中。在不断的学习中，优化自己的学习方法，找到自己独特的学习路径，最后，将自己独特的学习路径固化。

套用到我们的学习演讲中，"三化"也是非常好用的一个工具。

首先，是僵化。在学习演讲的时候，把你认为演讲最有特色的人作为标杆，参照这个标杆，观察他。他是如何讲好一个故事的，他的演讲方式和技巧是什么，他的演讲有哪些特征、优势、习惯等。总结研究他演讲的规律和习惯，搬来就用，先模仿他。要知道，创新的第一步，是模仿。因此，我们刚开始去照搬就好了。

其次，是优化。在践行了一段时间模仿练习以后，你可能已经对标杆人物的演讲方法比较熟悉了。你大概知道哪些演讲方式比较适合自己，哪些方式用在他人身上合适，而用在你身上并不合适。比如说，男女在演讲方式上，就大有不同。男士演讲的时候，可以通过自嘲和自黑来调侃自己，又或者用一些互联网上的段子，这样做，会显得这位男士很幽默，还很平易近人。而女士在自嘲和自黑的时候，就不是那么游刃有余。特别是使用段子的时候，如果用得好，就会加分，如果用不好，反而会让别人觉得这位女士很轻浮。所以，不能随便使用，要把握一个度，不能太过了。不过，当我们讲了一段时间以后，就心里有数了。我们知道，在演讲舞台上，哪些方式观众们比较受用，哪些不那么受用。我们也知道，哪些方式是适合我们的，哪些并不适合我们。所以，根据现实情况做适当的调整和提升，会让我们的演讲越来越有鲜明的特色。总之，有效则用之，无效则改之，这就是优化。

第三，是固化。经过反复的提升和优化，我们慢慢会形成自己的演讲风格。我们要想办法把这个演讲风格固定下来，变成我们独有的风格。一个新的演讲方式，一定要形成习惯。习惯是有记忆的，只要把好的习惯坚持下来，就会形成标准动作。比如说，有的人喜欢做瑜伽，哪一天你不让他做了，他反而觉得浑身不自在，觉得这一天好像少了些什么似的。这就是习惯对身体产生的记忆。

再比如，你的榜样很喜欢用笑话作为开场，你模仿他，可你并不是一个擅长讲笑话的人，你每次讲完笑话，观众并不觉得很好笑。那么，你可以换一种方式，比如用提问开场。但是，你要判断自己是不是很会提问。如果你提的问题很贴合主题，每次都能让观众代入进来，并引发观众共鸣，你就可以把提问开场固化成你的标准做法。久而久之，你就会形成最适合自己的演讲风格。

我在学习演讲之初，也是使用了"先僵化，后优化，再固化"的方法。记得在几年前，我参加人生中第一次演讲培训课程，老师讲了整整三天，光演讲结构就有九种，比如时间结构、空间地理结构、问题解决结构、议题对策结构等等，听起来每一种结构好像都很好用。选择太多让我无所适从。于是，我开始观察老师的演讲特色。我发现老师每次举例的时候，都很喜欢用问题解决结构。即先提出一个社会问题，再找到解决办法，最后针对这个解决办法来展开分析。后来我跟老师交流，他说他比较喜欢用这个结构来做商业路演，这是他的撒手锏。他还告诉我，不要学太多，学精一招，就可以打遍天下了。

老师的话我记住了，只要能把一种技巧用到娴熟，便成功了。

于是，我向老师学习，开始在我的商业路演中使用问题解决结构。不管是团队的小型路演，还是企业的大型路演，凡是有让我表现的机会，我都会去尝试。刚开始做商业路演的时候，我还有点儿紧张，因为总是感觉自己在模仿老师，我能感受到这个结构是他的，不是我的。当我讲了十几场的时候，我发现我已经能熟练运用这个结构了。但我发现了一个问题：老师很喜欢用提问来开场。比如，老师会问："大家觉得健康重要吗？如果我有一款有机产品，安全、价格不贵，又能给大家带来健康，请问大家会考虑吗？"或者"在座的各位有孩子的请举手。大家觉得喝上安心健康的奶粉重要吗？"可我并不是一个提问高手。我经常想不到好问题，或者我提的问题总不是大家特别关注的。所以，经常会发生这样的现象：老师提问的时候，大家都踊跃举手；我提问的时候，参与的人却寥寥无几。

我发现我并不适合用提问来开场，这不是我最擅长的。我比较喜欢讲故事。于是，我开始学习和研究讲故事。我先写了几个关于自己的故事，把它们背下来，然后讲给身边的朋友们听，观察他们的反应。如果朋友们觉得故事生动有趣，我再逐渐引用到演讲中。讲故事的方式非常适合我。我不但在开场的时候能吸引观众，甚至还能引发观众的掌声和共鸣。

后来，我干脆就把几个故事按照标签分类后背下来，根据不同的场合，用不同的故事来开场。我逐渐形成了自己的标准化模式，比如，我有故事模板一二三。故事模板一适用于现场都是投资人的商业路演，因为投资人都喜欢听我的创业故事；故事模板二适用于现场都是客户的产品路演，因为大家来听我演讲，都是对产品感兴趣的，而不是其他；故事模板三适用于现场都是粉丝的品牌路演，大家都是因为喜欢这个品牌而来到这里的，所以围绕着品牌讲一个感人的故事，是这种类型演讲的重点。

据说，美国心理学家研究发现，世界上怕公众演讲的人，比怕死的人还要多。我能理解人们对公众演讲的恐惧，因为我曾经也是这样。其实，演讲并没有那么可怕，只要你先找到某个领域里的标杆人物，找到他的行为方式和思考模式，然后去模仿，等学会了，再逐步去超越，在不断地去尝试和践行之后，就会发现，演讲真的没有那么难。在不断进步的过程中，你也会不自觉地变得享受舞台。演讲舞台中央的人，总是自带光芒，闪闪发光。那种感觉非常美妙。等你做了一场精彩的演讲后，你不但会得到台下观众的认可，更重要的是，你会得到自己的认可。而这种认可，会持续地给你力量，让你走向更优秀的演说家之路。

先做名牌，再做品牌

在我学习演讲的过程中，有一个重要的路径就是：先做名牌，再做品牌。在我看来，只要是正常人，只要你愿意改变，愿意练习，你就可以成为演说家。因为成为演说家本来就没有什么高深的秘诀，只要找到正确的方法，并加上自己的风格，如果再练习一两百次，那么，我敢保证，你一定会成为一名出色的演说家。

在理解这两句话之前，我们要先厘清名牌和品牌到底有什么关系。

十几年前，都说生意好做，谁家出了新产品，就拿来仿造，即便质量不怎样，只要懂营销、会打广告，几乎都能卖出去。而近几年，这样做似乎不怎么灵验了。不管是什么企业，如果没有核心技术，没有优势产品，就很难存活下去。有可能短期内会赚到快钱，但不久以后就会萎靡甚至败落。所以，好产品是一切的核心，没有好产品，营销做得再好作用也不大。

了解了产品，那到底是先让这个产品出名，还是先让它有名呢？答案是：先让这个产品出名，然后才能有名。我举一个例子来说明。

很多不出名的产品，因为不断地积累和沉淀，慢慢出名了，然后就渐渐变得有名，从而造就了品牌。相信大家都有在网上购物的经验，对常用的第三方移动支付交易方式支付宝、财付通等，都不陌生。可是你知道吗，现在支付宝作为被大家广为认同的产品，是默默耕耘了很多年，才奠定了它在移动支付领域的地位，然后才成功地蜕变成为品牌的。

把这个逻辑套用到演讲当中也是一样。在演讲中，我们要先被大家认识。先不要精确地要求自己一定要做一场完美的演讲，而是要先完成一场又一场的演讲，等大家都认识你，而且你逐渐找到了最适合自己的演讲方式和技巧，形成自己的风格之后，再去打造自己的演讲知名度。

就拿我自己来说，我从 2017 年开始学习演讲，那个时候的我是一个完美主义者，总是希望给观众呈现最好的状态，所以我轻易不答应演讲，一旦答应了，就希望能惊艳全场。可是在一次女性论坛上，我的梦想破灭了。记得那次是被邀请去给一群年轻的创业女性做演讲。那个时候的我，还不太清楚如何做有感染力的演讲。整场演讲我几乎都处在神游的状态。由于太紧张了，我总是忘记早就背下来的词。在台上的每一分钟，我都觉得很煎熬。无疑，那次演讲是失败的，而我也不知道该如何面对那次失败，我的总结是自己不适合公众演讲。

后来，我看了很多关于演讲的书，发现很多优秀的演讲者都很会表达，他们都是通过不断的练习，才变成了优秀的演讲者的。于是我想，我不应该轻易给自己下定论，觉得自己不适合公众演讲，我决定先讲满一百场再说。

我根据自己的性格和特点，整理了三类演讲主题。第一类是偏商业的，比如"让销售更有温度""如何成为人脉管理高手"等，这是适用于企业的演讲；第二类是关于个人成长的，比如"如何打造个人 IP""高效管理时间的九大法则"，这是适用于朋友圈的演讲；第三类是关于女性的，比如"女人成长比成功更重要""爱自己，是终生浪漫的开始"等。

制定精彩的演讲主题以后，我开始策划演讲内容。准备好之后，我就到处联系朋友，问朋友的公司能不能让我去演讲，甚至一些朋友圈的线下活动，我都主动出击，寻找机会。我不需要任何费用，只想锻炼自己。

当我讲到第三十八场的时候，奇迹发生了。讲着讲着，我感觉有一股暖流流遍全身。我站在舞台中央，有一种霸占舞台的感觉。以前那种紧张感完全消失了，我感觉到了从未有过的力量，很享受站在舞台中央、成为众人焦点的那一刻。我对自己说：今天的这个舞台，是我的！

随着我讲满一百场，我的名气越来越大，影响力也越来越大。有很多企业和社团来找我，邀请我去他们的平台演讲。我知道自己已经成功迈出了第一步，完成了名牌的打造，让更多人认识了我，之后，要做的是让别人慢慢认可我，认可我这个品牌。

我找到了最适合自己的演讲风格，逐步把这个风格固化，形成自己独特的演讲模式。同时，我认为学会的最好方式，就是会教。我逼着自己开设演讲课，先是在朋友圈给小伙伴们上课，后来又开设线上演讲训练营，远程指导更多的小伙伴，帮他们提升演讲技巧。

　　渐渐地，我的演讲课程和训练营越来越被人喜欢，很多粉丝主动联系我，希望能报读我的课程。甚至有的学员和粉丝给我写了大段大段的感谢信，感谢我的出现，因为他们上了我的演讲训练营课程，改变了自己的人生。每次看到这类信息，我都莫名地感动。因为在我看来，生命的意义就在于为他人、为世界创造价值。

　　最后，我想说的是，演讲是有人格属性的。把具有你人格属性的演讲，打造成一个品牌，并非遥不可及。你百思不解，自己为什么总是"运气不好"，其实很有可能是你输在了不会说话、不会演讲上。不要让演讲成为我们成功的绊脚石，而是要让演讲成为我们成功的助力。从现在开始，学会演讲，先打造名牌，再成就自己独特的演讲品牌！

04 构建演讲框架
四法

"奥特曼打小怪兽"法

很多人觉得上台演讲很可怕，其实，真的没有那么可怕。只要学习一些方法和技巧，加上真实的情感表达和不断的刻意练习，任何人都可以从"小白"变成高手。我就是从一个演讲"小白"，通过自身的努力，成长为讲师的。所以，一切皆有可能。

在这里，给大家介绍一套演讲框架，这个演讲框架最适合商业路演。特别是当你需要为企业融资，或者面对一群投资人时，这个演讲框架能让你脱颖而出，轻松拿到投资。

一般情况下，一个商业路演的时长是几分钟到几十分钟不等。我们每年举办的海归项目对接会，就按照六分钟的标准路演，即演讲者只有六分钟的时间把自己的项目和公司的故事讲清楚。不管你的项目有多大，不管你的公司有多牛，投资人都没有那么多时间坐在台下听你讲很久。因此，在有限的时间内把项目和故事讲清楚，考验的就是技术了。

我亲眼见证了我一个朋友，通过一个PPT，成功融资300万元。而且给他投资300万元的还不是个"土豪"，是一个中国知名的专业投资人。这件事也给了我很大的触动。精彩的商业路演，可以成就我们，让我们实现梦想。我这个朋友说："有时候，创业者离成功只差一场完美的路演。"由此可见，一场成功的商业路演一定将助力你实现梦想。

随着时代的发展，商业路演的内涵和形式也都已经发生了很大的变化。根据功能，路演可以细分为融资路演、上市路演、产品路演、项目路演和品牌路演等。依据其形式，则分为传统的线下路演、线上路演、视频路演以及目前流行的直播路演。但是，不论哪种路演，都离不开其核心——演，即演讲。

那么，这里要介绍一个非常实用的商业路演法——问题解决法，我把它称为"奥特曼打小怪兽"法。什么叫问题解决法呢？首先，你要提出一个社会问题，记住是社会问题，比如有关健康、教育和医疗的，而不是你自己臆想出来的问题。其次，要阐明这个社会问题为什么和在座的投资人相关。要用共情的方式，让他们感同身受，让他们认为他们有必要参与这件事。再次，要讲明你为什么能解决这个问题，而不是其他人。要用你的优势来证明你的实力。最后，要提供一些证据，证明你说的是真的。比如，客户的感谢信、大众点评、媒体报道和专利证书等。最后，要提出你的需求，也就是你需要融多少钱，这些钱将用作什么用途，投资回报的周期是多久，等等。

这就是"奥特曼打小怪兽"法。首先，你要找到小怪兽，这个小怪兽就是我之前说的社会问题。然后，你要做奥特曼，因为你是来解决这个社会问题的。而且你也是唯一能打败小怪兽的奥特曼，只有你能解决这个社会问题。你还要记住，你不是一个人在打小怪兽，你是拉着投资人一起打。这就是我刚才说的共情，要让投资人被你的价值观或你讲的故事感动，加入你的战队，一起打小怪兽。记住，投资人之所以会投给你资金，是因为要么你是"第一"，要么你是"唯一"，总之，你不能做"之一"。

现在我们就用"奥特曼打小怪兽"法来分析一个案例。我有一个朋友是开牙科诊所的，有一次，她要做一个商业路演，希望能为公司融资。她公司的名字叫作世纪河山口腔连锁医疗机构。于是，我给她设计了如下的演讲结构：

"大家好，我叫张晓玲。首先，我想问一下在座的同学们，大家都有拔牙的经历吗？大家害怕吗？"台下的一些观众纷纷举起了手。她提出了一个社会问题，而这个问题是很多观众的痛点，引发了大家的关注。

"中国现在有很多牙科中心，也有很多私立的牙科诊所。但是我发现一个问题，不管这个牙科中心多高端，都无法解决拔牙难、拔牙痛这个问题。"小怪兽出现了。

"记得我小时候，曾经拔过一次牙，结果我的脸肿得像个包子。所以，如果那个时候你问我人生中最害怕什么事，我就会回答你，是拔牙。之后，我对自己说，我长大了一定要做牙医，我一定要帮这个世界解决拔牙的难题。"为什么我要打小怪兽。

"同时，我也希望在座的各位能和我一起帮这个世界解决拔牙的难题。"拉着在座的投资人一起打小怪兽。

"那么，为什么我们可以解决拔牙的难题呢？我们从欧洲引进了最先进的拔牙技术——全球领先的微创技术。同时，我们的团队都是来自全世界的海归专家团队，会让客户安心、放心……"为什么我能打小怪兽？我的技术、我的团队、我的设备等等。在讲自身优势的时候，记住不要超过三个要点。这里千万不能做加法，而是要做减法。

"让我们来看一下我们的客户对我们的好评，以及大众点评对我们的认可。"引证，用证据来证明我说的是真的。

"今天，我们希望融资300万元，这300万元的用途如上图（做的PPT）。同时，我们的回报周期将是……"目的，提出自己的需求。

"最后，我有一个梦想，让这个世界上的人都不再惧怕拔牙。希望在座的各位投资人加入我，支持我。让我们一起帮这个社会解决这个难题。我相信，只要我们同心协力，一定可以战胜这个困难。怕拔牙，来世纪河山！世纪河山，牙科中的大好河山！谢谢大家！"

这就是"奥特曼打小怪兽"演讲法。

"五度模式"法

我是一个善于总结的人，几年前开始研究演讲，看了很多关于演讲的书，也不断地学习和研究别人的好方法。因为看得多了，所以形成了自己的习惯，就是"混搭"——我喜欢把从其他领域看到和学到的工具，搬到自己的演讲里面，形成自己的演讲风格。

有一次，我看到一本讲思维模式的书，里面讲到"五度"的概念——高度、深度、广度、速度和温度。我就把"五度"模式用到演讲里，效果很不错。在这里分享给大家。

我有一个合作伙伴，他也在做高端接待业务。有一次，他办了个产品发布会，邀请我作为嘉宾到现场支持他。活动快结束的时候，我本以为可以离场了，没想到他的一个同事小姑娘跑来跟我说："安妮姐，能不能邀请您上台去做一下总结？"我惊讶地说："这恐怕不太合适吧？我又不是你们公司的人。"小姑娘说："我们老板说，您口才好，现场又有很多大企业的老板，您做总结的话，效果会很好。"我回头一望，果真人挺多。台下是否都是大老板，我不知道，但我知道，这是一次推广自己的机会。说不定，当我讲完以后，这些人都会成为我的粉丝。于是，我酝酿了三分钟，就上台了。

"大家好，我是深圳市海归协会的秘书长安妮，同时，我也是接待专家创始人 Nelson 的好朋友。"开场让大家知道我是谁。

"认识 Nelson 差不多六年了。这六年里，我跟随 Nelson 去了很多地方。今天承蒙 Nelson 邀约，让我从一个客户和朋友的角度，对他的活动做个总结。我想从五个方面，表达我对这家企业的尊敬和欣赏。"先从总体上概括一下，下面分别阐述。

"首先，接待专家是一家很有高度的企业。不管是去美国参加巴菲特的股东大会，还是去日本见无印良品的创始人，又或者去以色列听诺贝尔奖获得者给我们上课，跟随

Nelson 的考察团，高度一定够高。只有你想不到的，没有他做不到的。"从"高度"上，我做了第一点总结。

"其次，接待专家是一家很有深度的企业。每次跟他去国外，他都会让当地人带我们深入那个国家人们的生活，体验当地的风土民情。他让我深深地感受到，这不是一次旅行，而是一次文化的洗礼。"从"深度"上，我做了第二点总结。

"第三，接待专家是一家很有广度的企业。为什么这么说呢？接待专家已经不只能前往美国、加拿大和澳大利亚了，其他一些国家，比如古巴、摩纳哥等，都在它的业务范围内。无论你在世界的哪个角落，接待专家都可以给你提供最称心的服务。"从"广度"上，我做了第三点总结。

"第四，接待专家的发展速度非常快。记得在三年前，接待专家只有一个总部，现在深圳、香港、北京都有地区总部，全国还有七家分公司。公司规模也比之前扩大了很多倍。"从"速度"上，我做了第四点总结。

"第五，接待专家是一家很有温度的企业。我给大家讲一个故事。有一次，我们跟随 Nelson 前往日本考察，到达日本时已经是凌晨了。我们舟车劳顿，没来得及吃饭，而餐厅也都打烊了。Nelson 说，他安排同事给我们准备了盒饭。我们以为是麦当劳、肯德基之类的，谁知，是包装得非常精致的日本盒饭，真的让我们眼前一亮。这是他提前两天就让同事预订的。他安排了同事提前到达日本，取好盒饭，做好保温，等我们到达后，趁热送到我们每个人手上。这是多么温暖的事。我记得当时日本很冷，第二天早晨我们要去企业考察。接待专家给我们每个人都准备了一壶泡好的白茶。我们每个人的心里都暖暖的。接待专家真的是一家很有温度的企业。"从"温度"上，我做了第五点总结。

"最后，如果一定要说出接待专家的一个'缺点'，我觉得就是——容易上瘾。一旦选择了它，就离不开它了。"

说到这儿，在场的观众都笑了，现场的气氛已经很热烈了。我感觉到大家都被我的一番话给感染了。

"五度演讲"法非常百搭好用，我们可以将它用来介绍公司，介绍产品，甚至介绍自己。总之，对于应急的即兴演讲，这是非常实用的一个方法。

当然，我们也可以扩展一下，除了高度、深度、广度、速度和温度，还有力度、长度、态度和热度等，大家可以自由搭配。

在另一次演讲中，我还用另一个"五度"介绍了自己并讲了自己的故事。

"大家好，我是深圳市海归协会的秘书长安妮。我觉得我的人生可以用五个关键词来形容。

"首先，是物质的适度。在我看来，我们所有的财富，都是生不带来、死不带去的，因此，在物质上，只要适度，就是丰足的人生。

"其次，是文化的厚度。我是一个热爱文化的人，喜欢阅读，喜欢思考，喜欢与优秀的人交流。我出了两本书，也是因为文化的精神一直在鞭策着我，滋养着我。文化是一种修养、一种认知、一种熏陶。虽然我不是出身书香门第，也不是名门望族之后，但文化如一日之茶，不品则喉咙不爽。文化的厚度是我一生的追求。

"第三，是美学的力度。前几天看了一篇文章，说未来的世界是人工智能的世界，但是人有一种能力是机器人无法取代的，那就是审美力。我是一个非常喜欢艺术的人，而对美学的热爱，也深入我的灵魂。'美是人的本质力量的对象化'，我对这句话可谓记忆深刻。木心先生说：'没有审美力是绝症，知识也救不了。'吴冠中先生说：'今天的中国，文盲已经不多了，但是美盲很多。'我每年都会去美术馆，看展览、看话剧。我觉得一个尊敬美、热爱美、追随美的人，他的生活品质应该不会太差。

"第四，是历史的长度。我特别喜欢历史。最近这两年，我看了几十本历史书。读史使人明智。我发现徜徉在历史的长河里之后，我就开始变得平静，没有那么焦虑了。因为我知道，万事万物的发展都是有规律的，而历史的故事，早就分享了这种规律。

"第五，是哲学的高度。德尔菲神庙的神殿上刻着一句话：'人啊，认识你自己。'我最喜欢的一位哲学家苏格拉底就把'认识自己'当作自己哲学研究的主题。是的，正如泰戈尔所说，这个世界上最容易的事是指责别人，最难的事是认识自己，最伟大的事是爱。所以，哲学就是让我们知道，我们到底是谁，我们能走多远。其实，哲学是生命之学，包含着生命中一切问题的答案。

"我就是在物质上追求适度，在文化上追求厚度，在美学上追求力度，在历史上追求长度，在哲学上追求高度的安妮。"

你也可以用"五度"来做一个独树一帜的自我介绍。因为"五度"真的是百搭技巧，大家可以按照自己的实际情况灵活搭配。

其实，演讲真的没有那么难，没有人生来就会口吐金句。只要努力学习，勤奋练习，你也可以成为演讲高手。一切皆有可能！

"夹心饼干"法

一个精妙的演讲结构，不但能让你的演讲出彩，还会让观众因为你的演讲而喜欢你。好的演讲结构，不但能让你讲的故事逻辑清晰、内容生动，还能让大量观众成为你的粉丝。这就是"夹心饼干"演讲法。

为什么叫作"夹心饼干"演讲法呢？是因为这个演讲结构主要分为四个部分。

观点（Opinion）：阐述自己的观点。比如："大家好，我叫安妮，我今天演讲的主题是，每一个企业家都要有一颗做网红的心。"

原因（Reason）：为什么你会有这个观点。比如："未来的世界比拼的不仅是能力，更是影响力，特别是创始人的影响力。而打造自己的影响力，就需要你高调做人、高调做事。"

举例（Example）："大家都认识董明珠，她是一位出色的企业家。她现在不仅仅是企业家，而且是一名网红。前段时间我们看到董明珠在抖音上直播带货，三个小时卖了三个亿，效果相当好。也正因为董明珠开始华丽转型，不再是高高在上的'女王'，而变成一位接地气的网红，才能让格力电器的销售在疫情期间获得如此好的成绩。"

观点升华（Opinion+）："所以，在我看来，未来的世界是靠影响力的世界，作为企业家的我们，一定要努力打造我们的影响力。每个企业家都要有一颗当网红的心，这个网红并不是贬义词，不是说企业家不够优秀，不够有深度，恰恰相反，是让企业家更接地气，更努力地传播自己的影响力。同时，当我们变得更加有影响力了，就用我们的影响力去点亮这个世界，照亮他人。这样我们的生命才更有意义。"

大家看到没有，这个结构就是表达观点，阐述原因，举例（讲故事），观点升华（展现价值观），用它们英文的第一个字母缩写带上加号就是：OREO+。我把它音译为"奥利奥+"，所以把它简称为"夹心饼干"演讲法。

其实，"夹心饼干"演讲法还很适合回答观众提问。我们在演讲的时候会经常遇到一些刁钻的观众，会提一些让人尴尬的问题，如果回答得不好，可能会抹杀你之前出色的演讲；如果回答得好，不但能化险为夷，还可以把提问的观众转变成粉丝。这个时候，最适合的结构就是"夹心饼干"演讲法。

一位演讲老师曾经就用"夹心饼干"演讲法巧妙地应对了观众刁钻的提问，并且把活动气氛推向了高潮。当时，这位演讲老师在阿里巴巴给大家讲"夹心饼干"演讲法。老师说，这个演讲法可以回答任何刁钻的提问。同学们不相信，于是，大家准备测试一下。突然，有人提问："老师，你喜欢充气娃娃吗？为什么？"这位机智的老师是这样回答的："是的，我是喜欢充气娃娃。（观点。）为什么呢？因为我喜欢放飞梦想的感觉。（原因。）记得小时候，我最喜欢收到的礼物就是气球。每次收到气球，我都很开心。然后我就让爸爸帮我把气球吹好。爸爸用绳子把气球绑在一起，带我去草地上玩。看着气球迎风飞舞，我感觉我的梦想也起飞了。（举例。）我喜欢气球，也因此喜欢上了所有充气的物品。这就是我喜欢充气娃娃的原因。（观点升华。）你们知道吗，买充气娃娃一定要上淘宝哦！（还来一个彩蛋，因为现场都是阿里巴巴的工作人员。）"

这个回答是不是很精彩？现场的观众都被这位老师机智的回答折服了。其实，他只是用了一个很巧妙的结构而已。如果你掌握了这个结构，你也可以轻松应对这样的挑战。

你知道吗，"夹心饼干"演讲法还有一个妙用，那就是回答女朋友的提问。很多女孩子都喜欢问男朋友："亲爱的，你爱我吗？"如果你回答"我爱你"，显得太草率，太简单，没有深度。如果你回答"我爱你一万年"，一听就是电影看多了，感觉不真诚。那么，面对女朋友问"亲爱的，你爱我吗"时，到底要如何回答，才能既让女朋友开心，又能凸显你的智慧和诚意呢？这里就可以参考"夹心饼干"演讲法。

我们来试一下。

"亲爱的，你爱我吗？"

"是的，亲爱的，我很爱你。（观点。）因为每次和你在一起，我都会有一种温馨、浪漫的感觉。我特别喜欢这种感觉。（原因。）还记得上次我们一起去日本吗？我们在京都散步，那时天空灰蒙蒙的。你说，可能马上要下雨了，不如我们回家吧。就在那时，一颗流星划过天空，那么明亮，那么耀眼。我们都没有想到我们会如此幸运。那个时刻，我紧紧地握住了你的手，许下了我们共同的愿望，誓死不离。（举例。）所以，亲爱的，我真的很爱你，这份爱不只是现在，不只是在此时此刻。如果你问我是多长，我相信是一辈子。我愿意一辈子爱你，一辈子对你好，一辈子做你的守护者。（观点升华。）"

女朋友听到这样的回答，一定会感动得落泪吧！

这就是"夹心饼干"演讲法。这个演讲法的关键点是，在举例的时候，可以讲一个小故事，来深化演讲的主题。在升华观点的时候，一定要强化自己的价值观，才能让这个演讲更加生动。

"自问自答"法

很多人都遇到过这样的窘境，就是在舞台上突然忘词了，然后尴尬地站在舞台中央，不知所措。那么，当我们在台上没有话可讲或者忘词的时候，怎么办呢？今天给大家分享一招，那就是给自己提问。

比如说，我站在演讲台上，看到台下有很多观众，会说："感谢各位今天来听我演讲。我今天演讲的主题是，女性成长比成功更重要。"说了这句话以后，如果我突然忘记下一句该说什么了，我就会在刚才讲到的主题里，找关键词来提问。"那么，我想问一下在座的各位，你们是如何定义成功的？"这个时候，我要做的是引发台下观众思考。他们回不回答我的问题并不重要，因为我自己会回答："很多人说，成功就是要赚很多钱，成功就是要住很大的房子，成功就是要有优秀的伴侣，成功就是要培养出最出色的孩子。其实，在我看来，这些都不是真正的成功，我理解的成功其实就是，能以自己喜欢的方式过一生。"

这就是"自问自答"演讲法。自己提问，引发观众思考，然后自己再回答。是不是很简单？

"自问自答"演讲法是一个非常好用的技巧，在任何演讲场合都可以灵活使用，我曾经在一个电视节目里，看到一个演讲者用"自问自答"的方式做商业路演，也非常精彩。

"大家好。我的项目是同程网，我的目标是做成中国最大的旅游超市。关于这个项目，我想用下面四个问题来进行解说。第一个问题，我们为什么能赚钱？我们帮我们的客户赚到了钱。第二个问题，能赚多少钱？2004年的时候我们盈利30万元，2005年300万元，2006年800万元。如果有VC（风险投资）进入，我们有信心做到一个亿。第三个问题，为什么是我们？首先，我们团队对旅游行业真的是无比热爱。其次，这么多年我们团队建立了行业壁垒和品牌忠诚度，这是其他公司不能超越的。第四个问题，我们能盈利多长时间？2020年整个中国旅游收入达到这些年的最高点，这是一个巨大的市场，也是值得我和我的团队用一辈子去做的事情。"

因为演讲的时间只有两分钟，演讲者要在两分钟之内讲完自己的故事，真的是非常考验演讲功力的一件事。用"自问自答"的方式就可以很好地解决这个问题，不但能把自己的企业说清楚，还能让台下的观众对你印象深刻。

我曾经还看过一个震撼心灵的短片，也是用"自问自答"的方式来表述的，这个短片在互联网上引发了疯狂的转发。整个短片以"为什么（why）？为什么不（why not）？为什么不是你（why not you）？为什么不是现在（why not now）？"四个问题贯穿始终。

演讲人吉米·罗恩（Jim Rohn）是美国著名的企业家、作家和演说家，下面是他的演讲。

为什么不是你

我想让你思考这四个问题。

当你回到家时要思考的第一个问题是为什么。

为什么要走这么远？

为什么要试图学这么多？

为什么要钻研?

为什么要忘我?

……

当你回家时要思考的第一个问题是为什么。

关于"为什么"的另一个很好的答案,就是第二个问题:为什么不?

为什么不去看看你能争取多少?

为什么不去看看你能了解多少?

……

现在是第三个问题。

为什么不是你?

你拥有健全的大脑。

你能自己做决定,你能探讨研究。

你能改变自己的命运。

……

为什么不是你?

我的最后一个问题。

思考一下这个问题:为什么不是现在呢?

从来没有比"现在"更好的时间。

现在我们就可以让自己的梦想变得鲜活，而非南柯一梦。

重拾这个梦想并赋予它生命力。

重拾这个梦想并让它与你共命运，直到它从星星之火变得可以燎原，最终点亮世界。

自问自答的重点是引发观众思考，并不是期待观众给出答案。因为你在引发观众思考的时候，其实会给出答案。只要你的演讲能引发观众思考，那么，你就成功走出了第一步！

05 克服演讲恐惧症的
基本心法

▌无准备，不登台 ▟

有人问我："安妮老师，我感觉你的记忆力很好啊，很多金句随时随地都可以脱口而出，你是这方面有天赋吗？"我告诉他："我可不是什么天才，我只是一个努力践行的平凡人。演讲没有什么诀窍，只需要你不断地开口开口再开口，练习练习再练习。这个世界上真的没有天生的演说行家，只有不去做充分准备的普通人。"

我始终觉得，演讲前做充足的准备，是对观众最大的尊重。试想一下，如果你在做一场演讲，现场有一百位观众，演讲时间为一个小时，那么，就相当于观众把一百个小时花在了听你的演讲上。可见，大家对你的演讲非常重视。但是，如果你连准备的时间都没花，那么，你不是在浪费大家的时间吗？所以，有一种话千万不要在舞台上说，那就是：
"各位，不好意思，我今天没做什么准备。"这是对观众极大
的不尊重，人家花了大把的时间来听你的演讲，结果你告诉
他们，你没有准备，这也变相地在说，他们不重要。你说观
众的感觉会好吗？

经常有人问我：是不是所有的演讲都需要准备呢？我的
回答是：所有的演讲都需要做认真的准备，即便是即兴演
讲，也要做到"无准备，不登台"。

你也许会问：即兴演讲不就是临场发挥吗？为什么还需
要准备呢？

我告诉你，所有的即兴演讲都是事先做了准备的，虽
然看起来好像是即兴的。有一句话叫作："你必须很努力，
才能看起来毫不费力。"那些在舞台上看起来很从容的即
兴演讲者，只是准备得比较充分罢了。这种准备，有可能
是三分钟，有可能是三个小时，也有可能是三天甚至更长
时间。

有一本书叫作《即兴演讲》，里面提到的一个有关英国
前首相、著名演说家丘吉尔的故事很有趣。丘吉尔最厉害
的就是即兴演讲，在很多场合，他都可以不用稿，上台就

能讲。有一次他去演讲的时候，车已经到达目的地了，司机为他开门，但他却没有马上下车。他的司机很纳闷，问："先生，我们到了，您为什么不下车呢？"丘吉尔说："请稍等！我还在看等会儿要用到的演讲稿呢。"看，连最优秀的演说家，也要用心准备演讲稿。

还有一位殿堂级的演讲高手也一样，那就是乔布斯。大家可能觉得乔布斯演讲并不需要稿子，也不需要做准备，他是天生的演说家。其实并不是这样。乔布斯在苹果手机发布会上的那场演讲，毫无疑问轰动了全球。可是你知道吗，他提前两周就把演讲场地租了下来，去彩排和练习，生怕自己会出错。在演讲当天，他还因为太紧张而胃疼。所以，演讲高手，也都是做了充分的准备才上台的。

那么，到底要如何准备我们的演讲稿呢？

首先，不要把写好的稿子直接拿到台上念，要先有思路，再把要点记录下来。

我很反对写长篇大论的演讲稿，然后在台上念。前面我也说过，不要让 PPT 或稿子成为主角。长篇大论的演讲稿，你根本就记不下来；即便能记下来，也不能保证上台不忘词。如果你只是在台上念稿，大家会感觉台上是一个机器在自言自语。这里要给大家说：公众演讲，一定要脱稿！脱稿！脱稿！重要的事情说三遍。

其次，制作一个简洁有效的PPT。

PPT的作用通常是向观众呈现演讲的关键内容，并不是所有的内容。切忌把想表达的所有内容都放上去。一般是整理我们的演讲大纲和演讲思路，待我们有了演讲的思路以后，再将一些图片和文字放上去。幻灯片的设计也要注意，千万不要太花哨，不要做得五颜六色。我通常用的颜色不超过三种，一般以黑色做底色，字体通常是白色，偶尔配搭一些黄色和红色。这也是国际上惯用的PPT配色。总之，要简洁明了，一目了然。还有一点是，PPT一定要字少，千万不要弄一堆文字上去，否则就会分散观众的注意力，同时，会让PPT成为演讲的主角，而非演讲者。

第三，在朋友圈内试讲。演讲一定要练习，而且这种练习需要有人见证。当你准备好了演讲主题和PPT后，可以邀请朋友们听听你的分享，或者在公司里给同事们讲一遍，听听大家的意见，根据大家的意见进行修改和调整。尤其需要注意，如果是讲笑话，一定要确保你的笑话好笑。如果你给朋友讲，朋友都不觉得好笑，那么你在演讲舞台上讲冷笑话，就会让自己非常尴尬。另外，当你在朋友圈中讲了几次以后，会缓解你的紧张感，对把控时间也会更加有力。总之，要让自己先熟悉演讲 PPT 和整个过程，这样你的登台会更加顺畅。

第四，演讲前要"彩排"，感受一下舞台的气氛。就拿我自己来说，我在做大型演讲之前，都会自己先去彩排。彩排的目的是找到舞台的正中央，也就是大家说的 C 位，大概摸索到那个位置，然后拿着麦克风试一下音量，如果麦克风音量太小或杂音太重，我会自带麦克风，以保证演讲效果。还有就是，要确认舞台是否稳固。有一次，就是因为没有彩排，我不知道那个舞台是中空的，不适合穿高跟鞋，而那天我刚好穿了高跟鞋，结果鞋被卡在舞台中央，场面非常尴尬。可见，彩排真的很重要。

2019 年深圳市海归协会举办了一场年会，需要我做一场公众演讲。在演讲开始前，我做了充足的准备。因为在这次演讲中，我要面对的可不是普通人，而是来自全国各地的领导，以及世界各地职场的精英和外国留学生，我希望给大家分享我精彩的故事，给大家留下深刻的印象，让大家记住我。于是，我开始策划自己的演讲。

我演讲从来不写厚厚的稿子，只画思维导图或写重点语句。通常，我会准备三个金句和三个故事，以及我想展现的价值观。等有了初步的思路以后，我再把重点内容记录下来，平时有空的时候，就会看一看，不断地修正我所做的记录。

然后，我开始制作PPT。我的PPT通常以图片和金句为主，大段的内容比较少。我希望凸显自己价值主张的重点内容，这些内容一定要由我亲口讲出来，而不是通过PPT展现给观众看。而且我会根据演讲时间的长短，控制PPT的页数。如果只是半小时内的演讲，我的PPT通常有10页就够了；如果是两个小时的演讲，也不会超过20页。

之后是试讲环节。因为是协会工作汇报，我就安排在周例会的时候，给同事们讲一遍。我们每个星期一上午都有开例会的习惯。在会议结束后，我就用半个小时给大家讲一遍我准备好的PPT，然后让大家提意见。根据大家的意见，我再予以优化和调整。

最后，我会在演讲开始前，去活动现场预演一遍。这也可以理解成彩排。因为我想知道我站在舞台的哪个位置大家的观看体验最好。我还要测试一下 PPT 翻页笔以及音响设备是否正常等等。走了几个过场以后，我确保一切没问题，再找一下台上的感觉，就差不多可以来一场精彩的演讲了。

其实，演讲有一个公式：紧张程度 = 期望 / 准备。也就是说，如果我们做了充足的准备，同时，不要有太大的期望，那么，我们的紧张程度就会大大降低。丘吉尔说：If you fail to prepare, you prepare to fail（一切糟糕的演讲都是因为准备不充分）。

所以，无准备，不登台。

带上一颗纯粹的心上场

在中国历史上，我最喜欢的哲学家是王阳明。阳明先生的《传习录》我看了很多遍。以阳明先生的话说，心是一切的根本。只要你心中一片廓然，就会了无私心。当你处于这种境界的时候，你的心会感应万物，而你想要做的事情，也会向好的方向发展。换句话说，自然就会心想事成。

面对一件事时，很多人把成功视为绝对目标，绞尽脑汁，拼命思考，一定要获得成功，否则就不开心。事实上，当我们非常急切地想把问题解决时，越是用力过猛，越会感觉问题像乱麻一样，"剪不断，理还乱"，我们不仅对如何解决问题毫无头绪，还会被自己那"一定要成功"的执念搞得焦头烂额。

　　对于如何解决这种问题，阳明先生已经告诉过我们答案。一件事，假如你全力以赴去做了，那么结果如何，实在不必过于执着，因为你已经尽了自己最大的努力。你没有办法做得更好了。

　　有一次，我无意间看了一场辩论赛，没想到，一位赛前被寄予厚望的女选手早早就被淘汰出局。实际上，在看她阐述论点时，我能明显感觉到她很紧张，语气中充满了咄咄逼人的感觉，好像是在说一句潜台词——"我最大，你们都要听我的"。她除了紧张，还很焦虑，我看到她脸上的表情都不怎么协调，有一种拧在一起的感觉。我感受到了她在用尽全力，只为了自己能赢。既然这么用力，她为什么还会被淘汰呢？我觉得是因为——她，太想赢了。

　　一个太想赢的人，是没有观众缘的，因为她的私心杂念太重了。她不享受这个舞台，也不在意观众，她只想赢，只想得第一名。但是她可能忽视了一个问题——一个不在意别人、只在意自己输赢的人，并不能赢得别人的认同。观众为什么要听你讲大道理呢？其实，越是功利心重的人，越难赢得观众的心。

　　我们也可以把"去除私心"这个道理运用到演讲中来。一个出色的演讲者，应该充分享受这个舞台，而不要一味地在意演讲的结果，也不要太在意观众到底喜不喜欢自己。如果太想得到结果，太希望得到观众的喜欢，反而收不到好效果。

　　在我讲了五十多场之后，我开始开设自己的演讲课。我认为，学会的最好方式，就是会教。我的第一堂演讲课是2018年9月上线的。那天有五十多位小伙伴报名，这也是我人生中的第一个收费课程，我很害怕自己讲不好，我很想得到大家的喜欢和认可，所以，我很用力。在课程开始前两个小时，我就到了课室，开始检查PPT，检查投影仪，检查翻页笔，和团队的小伙伴开会，确保所有物料都到位，确保不会出现任何问题。

　　我的助理跟着我工作三年多了，对我的性格比较熟悉，可能她也感受到了我的紧张，导致午餐时间都不敢去吃饭，生怕离开的这段时间会出现什么问题。她说她从来没有见到过我对一件事如此紧张和重视。

　　终于等到课程开始，我却很紧张，因为我太希望讲好了。说实话，我演讲在行，可是讲课却不那么有经验。演讲和讲课完全是两回事。

结果，真的没讲好，由于我过于紧张和焦虑，关注的点都是"如何讲好，如何被喜欢，如何出彩，如何一鸣惊人"，完全忽略了"其实我更应该享受讲课这个过程"。

我看到台下的观众，有的在玩手机，有的在窃窃私语，我就开始紧张了。我想："他们是不是觉得我讲得太沉闷了？他们是不是开始觉得无聊了？我讲的内容是不是对他们没有帮助？"倘若有人离开课室，那我简直要炸了："完了完了，一定是我讲得太糟糕了，否则他们怎么会离开呢？"我不断地在跟自己对话，不断地担心这个人会不会喜欢我的课程，那个人会不会对我有意见。我感觉那一天是我人生中最焦虑的一天。我的"内心戏"太多了。我的私心杂念太重了。

我想，那天我之所以失败，是因为我犯了"太想赢"的错误。当你太想赢时，你往往赢不了。因为观众感受不到你的真诚，只能感受到你的强势和焦虑。

一个优秀的演讲者应该做到"对过程全力以赴，对结果顺其自然"。

为了提升大家的演讲水平，我定了一个制度：每个月都要邀请一位同事上台演讲，主题自由发挥。

有一个月，我们指定的演讲主题是"我最喜欢的人"。那天，轮到我的同事白胖上台演讲。他是深圳市海归协会的设计师，他讲的是日本一位游戏玩家的故事。白胖平时是一个不善言谈的人，从没演讲过，但一谈到他的爱好，他就全情投入，特别激动。你能想象得到吗，一个少言寡语的设计师竟然能把我们讲哭？

我记得那天他讲到他最喜欢的游戏玩家出于某个原因退出了比赛，观众们再也看不到这位玩家了，他讲着讲着就哽咽了。

虽然全程他讲的专业术语我并不太懂，但是他哽咽的那一刻，我被感动了。我能感受到他是真的在用心分享，他没有那些私心杂念，也没有只关注自己讲得好不好，样子帅不帅，头发好不好看……那些对于他来说都不重要。观众是不是喜欢他，他也不关心。

正因为他把全部感情和心绪都集中在了自己的演讲上，观众才深受感动，即便是我们这样一群对游戏完全陌生的观众。

那么，我们要如何去除私心杂念呢？我的经验是，在演

　　讲之前，对自己说：我充分地、完全地、自然地享受这个舞台，我享受演讲的感觉，我享受和观众的互动，至于我是否讲得最好，我是否能得到观众的喜爱，那就顺其自然吧！但是，今天的这个舞台，是我的！

　　多对自己说几次，然后带着一颗纯粹的心登上舞台吧！

用"自我暗示法"消除紧张情绪

不管你信不信，我真诚地告诉你，演讲这个事儿，不只是你紧张、有压力，几乎每一个人都有这种情况，只是紧张的程度和应对的方式不同罢了。

记得美国著名作家、演说家马克·吐温曾说过一句话：这个世界上只有两种演讲者，一种是特别紧张的，另一种是假装自己不紧张的。

那么，到底要怎样克服紧张情绪呢？我有一招分享给你，那就是用"自我暗示法"。

我有一个好朋友Linda，她是从事金融行业的。有一次，我和她一起参加一个金融投资论坛。活动的主办方是她的合作伙伴。论坛邀请了四位在金融界很有影响力的大咖做分享。我们正坐在台下听大咖分享自己的创业故事，主办方的一个小妹妹突然跑到我们旁边，跟 Linda 说："Linda 姐姐，救火呀！我们有一个嘉宾突然'放鸽子'了，现在三缺一。我们老板希望你能上台顶一顶。"

我的好朋友 Linda 被吓呆了，我也很吃惊：台下三百多人呢，怎么能完全没有准备，说上台就上台？况且 Linda 也不是搞演讲的，她只是做金融的，她哪有那个能耐毫无准备上台就控制住这么大的场面？我不禁为她捏把汗。

Linda 当然拒绝了，她也担心自己做不好。可是那个小妹妹不罢休，一直央求，又是各种拜托。Linda 是一个心软的人，也很讲义气，估计如果不是实在没办法，主办方也不会来拜托自己。考虑了一会儿，她还是答应了。但我知道她一定特别紧张，压力也特别大。

Linda 决定担起这个重任后就去了洗手间，在里面待了十多分钟。然后，她精神抖擞地出来，整理了一下仪容，对我笑了笑，就大方地走上了台。上台之后，没有 PPT，也没有演讲稿，Linda 用聊天的方式和台下的观众们互动着。我完全看不出她根本没有准备过，看不出她的焦虑和紧张。她展现给大家的是一派自信和从容。

Linda 演讲的效果非常好，甚至还超越了其他嘉宾。二十分钟很快过去了。待她走下来，我说："你的演讲太棒了！我很好奇，你刚才去洗手间做什么了？为什么你如此从容和淡定呢？你真的一点儿也不紧张吗？"

Linda 笑了笑对我说："我有一个秘诀，每次演讲前使用这个秘诀，就不会紧张了。"

我疑惑地问："什么秘诀呢？"

她说："非常简单，就是每次上台前，找一个安静的地方，做个超人的姿势，坚持几分钟，出来以后就能量满满了。"

她看我不解的样子，说："双手叉腰，双脚打开，至少与肩同宽，收腹挺胸抬头。五分钟内一边保持这个动作，一边调整自己的情绪和状态。坚持五分钟就好了。只要做这个动作，我就会变得自信满满、冷静从容，并且一点儿也不紧张了。"她把女超人的动作讲解给我听。

其实，这就是一种"高能量姿势"，你也可以理解为一种自我暗示。这是在通过肢体语言调整和优化自己的情绪。

Linda 的解释让我联想到之前看过的一篇文章中提到的故事。故事说的是国外一名心理学家，对两组即将上台的年轻人进行测试。两组人都是非专业人士。主持人让其中一组中的每个人上台前都摆出超人的姿势，并维持几分钟。另外一组人，就没有摆任何姿势。两组人都上台演讲了，结果摆了超人姿势的那一组演讲者，分数远远超过没有摆姿势的。

这就是自我暗示的力量。不要小看对自己内心的建设，它能影响最终呈现的结果。

自我暗示，你也可以理解为"自己糊弄自己"。就好像你每天都对着镜子说："我觉得自己很美，我觉得自己很优雅。"这样坚持一段时间，你的举手投足就会变得越来越美，越来越优雅，这就是潜意识的力量。其实，自我暗示就是在与自己的潜意识对话，激发自己正向的能量。

我就是用自我暗示法来消除紧张情绪的。每次上台演讲之前，我都会找个安静的地方一个人待一会儿。这个时候，我不会看准备好的演讲稿，也不会看金句，更不会去看场地，而是做几次深呼吸，做几分钟超人的动作，然后对自己说："亲爱的安妮，你是最棒的。你一定能霸占舞台，今天的这个舞台属于你！"我还会告诉自己："亲爱的，今天的观众，都是爱你的好观众。你只要展现最真实的自己就好了。做最完美的自己。"

　　每次做完这样的心理建设，我就感觉放松多了，好像身体充满电，可以开始一段美好的旅程了。假如之前的演讲舞台对我来说是战场，那么现在的演讲舞台就是电影院。我就是那中间最可爱的女演员。

　　因此，要想呈现一次精彩的演讲，就要学会自我暗示，自己给自己打气，并管理和优化好自己的情绪。这样，你的演讲就会在掌控之中。千万不要让紧张的情绪主宰了你。加油哦！

　　记住，心态会影响状态。心态变了，状态就不一样了。你真正的魅力，唯有在激发自己潜能的时候，才光芒万丈！

06 精巧的开场
更能吸引人

讲自己的亲身故事

现代人都太忙了，能坐在那里听你讲，就算是支持你了；能听你讲完的，在我看来，那就是真爱了。因为时间对于我们每个人来说，已经是奢侈品了。因此，我们要在演讲的一开始，就俘虏观众的心。

其实，演讲必须遵循一个法则，叫作“七秒法则”。也就是说，观众什么时候喜欢你，大家什么时候接受你的演讲，最初的七秒钟，你就已经心中有数了。而前三十秒，你的表现决定着他们是否要听你讲下去。如果前面的节奏没有把握好，在后面的演讲中，你若想扭转乾坤，那可是件相当困难的事情。所以，一个有吸引力的开场白就变得尤其重要了。

倘若你这样开始你的演讲：“大家好，我叫安妮。我很开心参加今天的活动，希望能在此次活动中有所收获，希望能和大家成为朋友。"你觉得观众在前三十秒钟听到这样的开场白会做出什么反应？他们可能会认为，这是一个平淡无奇、没有太大吸引力的演讲。然而，一旦让他们有这样的感觉，要想翻身就很难了。大家往往都开始玩起了手机，又或者开始神游了。

也许你会问，既然前七秒这么重要，那我开场就讲个笑话，行不行？讲笑话的确能拉近彼此的距离，让大家对你有一个好印象，但是，这是有风险的。你能保证你讲的笑话一定好笑吗？一旦没有人笑，那么"恭喜"你，你就会把自己的演讲给埋葬了。同时，你这个不会讲笑话的人，站在舞台中央，还会非常尴尬，这会影响你接下来的发挥。所以，如果不是有十足的把握，千万不要以笑话开场，因为讲笑话很容易让你控制不了局面。你需要把演讲的每一个环节都掌握在自己的手里。

我有过一次糟糕的演讲经历。当时，我希望演讲的开场很出彩，于是，一向不太会讲笑话的我在一开场就讲了这样一个笑话：

"有一次，我和一个朋友在吃饭。我跟他说：'最近我在画玛丽莲·梦露。'他吃着吃着，突然抬头望着我说：'啥，你在画莉莉玛莲（深圳一个著名的酒吧）？'"

讲完这个笑话，只有后排的几位小伙伴笑了，但是其他人都呆呆地望着我，估计是没明白我说的是什么意思。那时我才意识到，不是每个人都知道莉莉玛莲是什么，不是大家都去过酒吧啊。那天的笑话开场让我非常尴尬。从那以后，我再也不轻易讲笑话了。

那么，除了讲笑话，还有没有其他方法能让我们的演讲与众不同，同时又能感染台下的观众，还能在演讲的前三十秒俘获观众的心呢？当然有，这个方法就是讲故事。

通过讲故事开场，我们要如何操作呢？首先，可以讲自己的故事。比如：

"大家好，我叫唐安丽。这个名字是我爷爷给我起的。说实话，我特别喜欢，因为感觉很适合我。

"大概在两年前，我认识了一个妹妹。这个妹妹是研究星座的。她特别擅长根据一个人的性格用星座来起名字。那个时候，我对星座也很感兴趣。还能用星座起名字？这么新鲜。于是，我拜托这位妹妹看看我的星座和名字。

"这位妹妹回去算了三天三夜，之后非常郑重地跟我说：'安妮姐，我告诉你啊，你的星座和你现在的名字太不相符

了。如果你用现在的名字，你的运气会越来越不好，而且身体状况还会变差。你要注意啦。'

"听她这么一说，我吓了一跳，赶紧问她：'那有没有解决的办法啊？我要怎么做？'

"她喜滋滋地说：'姐，还好你认识了我，我这不是来帮你改名字了吗？我已经帮你算了一个特别好的名字。这个名字和你的星座非常契合。用了这个名字，你会飞黄腾达，节节高升，而且还会收获意外之财。'

"我一听，喜出望外。'是什么名字？赶紧告诉我。'

"'唐明皇。'

"我一听，差点没把我的下巴给吓掉了。这哪里是适合我的好名字？听起来好像要去统治世界！

"于是我问这个妹妹：'请问你能不能帮我起一个温婉一点的名字，比如说唐小婉、唐小林、唐小英之类的？'

"她说：'不行，姐，就叫唐明皇。否则你的好运气和好身体都没了。'

"我说我得回家好好考虑考虑。

"考虑了三天，我决定，还是不改名字了。'唐明皇'这个名字太吓人了，我还是老老实实叫唐安丽吧。

"就这样过了两年。两年后的今天，我发现，我没有改名，我的运气却越来越好了，身体也越来越棒了，并没有像她说的那么糟糕啊！这是为什么呢？

"我仔细想了想，在我生命中，到底是什么发生了改变。哦，我想到了，是我的价值观。两年前的我是一个没有正向的价值观的人。我所有的想法都是如何让自己变得更好。而两年后的今天，我有了正向的价值观。我所有的想法，都是为他人、为世界创造价值，通过自己的力量，把自己活成一束光，然后去照亮世界。

"当你拥有一个正向的价值观的时候，你就能活出最绽放的自己，而不需要用任何外力去改变你的命运。

"谢谢大家，我叫唐安丽！"

用自己的故事来开场，不但能吸引观众的注意力，还能凸显你的演讲主题，让观众跟着你走。

再比如：

"我叫安妮，我自认为是一名斜杠青年。我是深圳市海归协会的秘书长，同时又是一名作家，用一个月写完了一本书，三年出了两本书。其次，我在这三年里演讲了一百多场，成了一个小小的演说家，开设了各类的线上线下课程，成了一名兼职培训导师。另外，从 2020 年开始我又涉猎短视频行业，做了两个抖音号，成了短视频博主。我经常对人家说，我要做秘书长里最会写作的，会写作的秘书长里最会演讲的，会写作、会演讲的秘书长里最会影响和帮助他人点亮他们人生的人。这就是斜杠的力量。

"我始终认为，人生不是用来墨守成规的，人生是用来打破和拓宽的。我很喜欢的一位哲学家稻盛和夫先生曾经说过，生命的意义在于为他人、为世界竭尽全力贡献力量。虽然我不能做得很好，但我也希望能在有限的人生里为世界尽一点力。只有把自己活成一束光，才能点亮自己，照亮这个世界。

"谢谢各位！我就是那个秘书长里最会写作、最会演讲、最希望帮助别人的安妮。"

这就是一个通过讲自己的亲身故事开场的典型例子。但是要记住，最后还是要回到演讲的主题上来。

讲故事是一个与观众产生共鸣的好方法。现代人的生活中充斥着太多的信息，注意力往往都不太容易集中，能快速让大家被你吸引的一个很有效的方法，就是设计好有情节的故事。

记住，会讲故事，是一个人的核心竞争力！

▼ 做通俗易懂的类比 ⌐

演讲的开场要让观众听得懂，千万不要你在那里自言自语，观众却不知所云。演讲的开场是观众对你的第一印象，同时，观众是否对你和你的演讲印象深刻，就在于你的开场是否能让他们理解并记住。

那么，什么类型的开场能浅显易懂，让观众深刻地记住呢？今天想要给大家介绍一种常用的演讲开场方法——类比法。

我所说的类比其实就是，把复杂的东西简单化，把抽象的东西形象化，把专业的东西生活化，把够不着的东西变得可以落地。这是非常有效的一种开场方式，因为它能把看似不相关的两种东西进行比较，让我们这些没有专业知识和技术背景的人，不需要去猜测和翻译，瞬间就能明白演讲者的意思。所以，类比开场法的原则是，越简单、越通俗易懂越好！

用类比可以很容易让观众明白演讲者想表达的观点。

我们来看一个例子。

"柯达倒闭了，打败它的不是富士胶卷；索尼关门了，打败它的不是奥林巴斯；出租车公司不好干了，打败它的也不是其他出租车公司……所以，未来的世界是一个充满不确定性的世界！"

其实，类比的目的是让复杂的事情变得明白一点儿。同时，类比还会让观众有画面感。因为我们所比较的东西都非常简单、生动，会让观众的思维跟着我们走。这样也很容易吸引观众的注意力。

一个精彩的类比，需要演讲者有很强的觉察力和表达力。

有一次，我给一个妹妹介绍了一个对象。第一次见面的时候，两个人都互相有好感，可是没过多久，这个妹妹跑来跟我聊天，说他俩不合适。

我好奇地问："为什么啊？"妹妹回答："姐，他是一个超级理性、超级强势的人，我跟他聊了好几次，发现他有一个严重的问题，那就是他只关心自己想要什么。他希望把我变成他喜欢的样子，可是从来没问过我想要什么。他说我平时太不拘小节了，做事情也大大咧咧，不像一个淑女。他希望我变得高贵、儒雅，所以，他让我去学法语，学交谊舞，还给我安排了一堆提升自身形象的课程。拜托，我学这些东西干吗？我根本就不喜欢交谊舞，我只喜欢跳街舞。他喜欢吃西餐，让我也多吃西餐，可我根本就不喜欢吃西餐，我喜欢撸串……总之，我俩就是不合适。我给你举个例子吧。他喜欢吃苹果，他觉得我也应该喜欢吃苹果，他认为吃苹果对我们的身体都好。于是，他拼命地给我买苹果，还逼着我吃。可是我明明不喜欢吃苹果，我就是喜欢吃梨啊！"

这个妹妹用类比的方法说出了她和这个男人的不同。由此可见，一个精彩的类比，需要我们有深刻的觉察力，需要我们觉察双方的不同点，还需要我们能够生动地表达出来。

大家都很熟悉的香飘飘奶茶，有一句广告词是这样的："一年销量七亿杯。"如果只是说七亿杯，你可能没有什么感觉，但广告词后面加了一句"杯子连起来能绕地球两圈"，这样是不是有感觉了？一瞬间就让人理解了它的销量究竟有多么巨大。将"七亿杯"转化成"绕地球两圈"，这就是对类比法的巧妙运用。

那么，到底要如何才能做一个生动的类比开场呢？

类比的一个关键点就是，你要用最简单的方法，把你的观点讲清楚。比如，一个小孩子问你："请问美国旧金山（即圣弗朗西斯科）是一个什么样的地方？"你可以告诉他："亲爱的，旧金山在美国的西海岸，那里最出名的硅谷，以高新技术闻名世界。就好比我们中国的深圳，深圳也是一个以科技闻名的地方。所以，旧金山在美国的地位，就等同于深圳在中国的地位。"这就是类比。

魏斯曼说过："演讲不是一门依靠天赋的艺术，而是一种可以学会的科学。"掌握类比的开场技巧，在演讲前仔细雕琢，勤加练习，你就能成为演讲高手，轻松控制住全场。

▌通过提问引导观众 ▙

　　假如你需要做一场关于新冠疫情的演讲，你会怎么开场呢？

　　从我的经验来看，我想，大多数人的演讲开头会是这样的："大家好，我是安妮。今天，我来跟各位分享一些跟新冠肺炎相关的内容，主要分为三个方面，分别是：什么是新冠肺炎？新冠肺炎是如何传播的？新冠肺炎是否可以被治疗？"

　　大家有没有觉得，大多数人都会使用的开场方式，听起来都有些无聊呢？那么，我们可以把这个开场白修改一下，变成：

　　"大家好，我是安妮。在开始我的演讲之前，我想问一下在座的各位，大家觉得新冠肺炎可怕吗？觉得可怕的，请举手。

"好，请放下手。那么，如果你了解了新冠肺炎的特性和传播属性，并且知道如何自愈，你还会觉得可怕吗？

"那现在让我们一起来了解一下这种通过提升自身免疫力就能克服和消灭新冠病毒的方法，这样我们就会发现它其实并没有那么可怕。"

提问式开场是一种非常容易切入主题，并且把观众调动起来的开场方式，也是我非常喜欢用的一种开场方式。最早接触提问式开场，是我在国外读书的时候，当时要求每个小组做一个项目路演。其中有一个小组的负责人上台说的第一句话就是："在座的各位，近视的同学请举手。"然后，台下大部分同学举起了手。因为的确有很多人的眼睛近视。他又接着问："那么，请问大家，如果有一种方法，可以帮你们预防和治疗近视，你们愿意了解吗？"然后大家又齐刷刷地举起了手，出奇地统一。最后，他说："非常好，我今天跟大家分享的主题就是，如何通过物理手段，让我们的视力保持最佳。保护我们的眼睛，刻不容缓。"看，这几个简单的提问，是不是一下子就把观众的注意力给吸引过来了？

想学习提问式开场，我们首先要了解提问的结构。有两种常见的结构，第一种是提封闭式问题，第二种是提开放式问题。

一、提封闭式问题

简单来说，提封闭式问题，就是提能引发观众做选择和判断的问题。

比如："大家喜欢看电影吗？""大家吃早饭了吗？""大家想不想提升自信？""大家想不想提升自己的影响力？""大家想不想在台上侃侃而谈？"

其实，提这一类问题，目的就是让大家做选择，大家只要回复"是"或"不是"、"要"或"不要"、"想"或"不想"等即可。

当然，我们也要注意：提问的语气要谦和、自然，这样才能引发观众共鸣。

给大家举个例子。在一次商业路演中，一位做有机蔬菜生意的演讲者一上台说的第一句话就是："大家好，我想问大家一个问题，大家觉得健康重要吗？"

这根本就不是问题，因为估计没有人会说"不重要"。

但是他可能就是要这种效果。结果如他所愿，现场的观众齐刷刷地说"重要"。

然后他继续问："如果有一种蔬菜，价格不贵，又是纯天然有机的，能保证你的健康，你愿意尝试吗？"现场的观众又一次齐刷刷地说"愿意"。

其实他提的也是一个封闭式的问题。他没有让大家做简答题，而是让大家做了选择题。

然后，他才开始他的路演。这就是一个用封闭式问题开场的成功案例。

二、提开放式问题

开放式问题，简单来说，就是引发观众思考的问题。提开放式问题要用到两个关键词，那就是"为什么"和"怎么办"。

例如，"为什么科技越发达，我们的人情越冷淡？""为什么一对恩爱的夫妻，最后还是分道扬镳了？""在结婚和育儿成本越来越高的当今社会，我们这一代年轻人该怎么办？"等等。

提开放式问题的重点是引发观众思考。这和提封闭式问题的作用不一样。提封闭式问题的目的是把观众往演讲者所设定的主题的方向带。

我曾经听过一场很精彩的用开放式问题开场的演讲。在一个论坛上，有一位嘉宾分享了有关"幸福感"的主题。他是这样开场的：

"大家好，我想问一下，到底什么是幸福？"

台下的观众一片安静，开始思考。

"大家有没有想过，为什么现在科技这么发达，手机、电脑、iPad 随身带，可是我们的幸福感却越来越低了？"

他的每一个问题都引发了台下观众的思考，观众的目光越来越聚焦在他的演讲上了。其实，他不需要观众回答，只需要他们安静下来思考他的问题。这样的开场也是成功的。

但是，不管是提封闭式问题还是开放式问题，都有一些需要注意的地方。

第一，提问时语气要温和，不要咄咄逼人，也不要教育观众。

我们提问时要像和观众对话或聊天一样轻松、自然，千万不要给人不舒服的感觉，也不要像老师对待学生一样，这样会让观众很反感。观众都不喜欢被教育。

第二，注意措辞，避开敏感话题。

比如，聊关于离婚的话题，如果你直接问："为什么发达城市有那么多'剩女'？"这样的问题就容易让现场单身的女士反感。你可以这样问："为什么现在很多优秀的女性都选择不结婚？"只是换了一种措辞，但是会达到完全不同的效果。

第三，提的问题要与演讲的主题相关。

比如说，你在一个商业路演上推广产品，你公司经营的是品牌奶茶店，那么，你的演讲开场可以是："请问在座的各位，喜欢喝珍珠奶茶吗？"又或者："请问在座的各位，有过创业经历吗？有的小伙伴请举手。"也可以是："大家觉得，最受'90后'喜欢的奶茶品牌是哪个？"

第四，要引发观众互动。

提问的目的，是引发观众互动，这样才能拉近与他们的距离，不容易让他们走神。比如，可以说："大家知道海归最喜欢的汽车品牌是什么吗？来，抢答。答对的有奖哦。"或者说："请问一下在座的各位，如果在二十年前，给你100万现金，那么，你是用来买房子，还是用来投资？选择买房的朋友，请举手！"

学了这么多，如果还是不会提问，该怎么办？告诉你一个笨办法：模仿，操练，超越。找到你认为很好的开场问题，不断地练习（操练），等熟能生巧了，你就能实现超越了！

07 如何拉近
与观众的距离

把观众当成演讲现场的主角

　　托尔斯泰曾经说过："幸福的家庭都是相似的，不幸的家庭各有各的不幸。"这句话也可以用在演讲里，精彩的演讲都是相似的，糟糕的演讲各有各的糟糕之处。其中最糟糕的一点，是把 PPT 当成演讲的主角，而演讲者却沦为 PPT 的配角，甚至演讲的道具。

　　看到"演讲"两个字，我们常会把"讲"视为核心。殊不知，有"演"，有"讲"，才能把故事分享得淋漓尽致、精彩纷呈。"演"字其实是在提示我们，演讲不只是一场讲话，更是一场"表演"。表演就需要有动作和表情，不能只是干巴巴地说，应该加入一些肢体动作或表情变化。这些肢体动作或表情变化可以是设计出来的，但更多的是，当你的情绪充分投入到演讲中时，你的身体也会自然而然地动起来。

说到"讲"，不仅仅是讲话，更是要给人一种交流的感觉。第一，语言不要过于"高大上"，尤其是不要使用很艰深的书面语，应该尽量通俗易懂。第二，不要像是在表演个人朗诵。有的演讲者过于追求情感的表达，导致用力过猛。整篇都情绪饱满，每个字都想表达出感情，这样讲起来就会像是朗诵。

但不管是"演"还是"讲"，我们都应该注意，观众才是现场的主角。

有一次，我被邀请作为评审嘉宾之一，参加海归博士创业项目路演。那些博士都是海外侨胞，大部分是从德国回来的，还有的是从美国、加拿大、西班牙、澳大利亚等国家回来的。他们中的很多人是第一次回到中国，很多连中文都说得不太流利。不过看得出，他们都有一颗爱国心。他们是国际高层次人才，在国外行业内的口碑和地位都很高。这次回到中国，也是希望能把优秀的项目落地中国，有些博士甚至希望能够落叶归根，回归故土。

我一直觉得，当项目路演的评审嘉宾是非常痛苦的一件事。因为很多做路演的人，说不清楚自己的产品设计思路和商业逻辑，听他们分享自己的项目 PPT 及创业故事，感觉很浪费时间。还有很多演讲者喜欢自吹自擂，全篇都是在讲行业有多牛，公司有多牛，自己有多牛。殊不知，你再牛，关投资人什么事？对于投资人来说，重点不是你多牛，而是你的项目会为社会、为投资人带来多大价值。因此，越是标榜自己的项目有多厉害，往往越融不到资。

在这次路演中，有一位从德国回来的博士，大概五十多岁，头发花白，人看起来很慈祥的样子，话也不太多。路演之前就听说过他的项目很厉害，他本人还被德国国家领导人接见过，这次是被特别邀请回来的。我们对他也满怀期待，希望优秀的项目能落地中国。

路演开始了，只见这位博士缓缓地走上台，打开 PPT，投影到屏幕上，开始了他的分享。不得不说，这真是一份制作得非常精美的 PPT。但是我一看，共有 48 页。我当时就纳闷了，因为路演的时间总共才十分钟，其中演说六分钟，评委点评及提问四分钟。一份 48 页的 PPT，要怎么讲呢？

这位博士开始根据 PPT 来介绍他的项目了。他首先介绍的是自己的背景，光这部分就有 10 页。他一边介绍一边看时间，非常焦虑，很怕超时。我看到他都着急得流汗了。介绍完自己，他开始介绍公司的核心技术，这个更夸张，有20多页。他拼命地翻PPT，上面密密麻麻都是英文的行业报告和证书，这些医疗行业的名词非常专业，字又小，他偶尔翻译一下，听得我们一头雾水。因为太紧张了，前面一张PPT还没有看完，他就慌忙地翻到下一页，我们已经快跟不上他的节奏了。

最后，这个项目路演，在这位博士的慌乱和忙碌中，被主持人叫停了。因为已经到了评委提问的时间段了。由于这位博士讲得不是很清楚，大家也不知道他的产品和技术到底能帮社会和投资人解决什么痛点。评委的提问都很有针对性。我感觉这位博士因为紧张，已经有点儿招架不住了。人一旦紧张，就会发挥失常。其中有一个投资人的提问特别尖锐："王博士，您是海外高层次人才，可您连自己的项目和核心技术都说不清楚，我要如何相信您能做好中国市场？"听到这个提问，我都为他捏把汗。可怜的王博士，不断用手帕擦汗，回答问题也开始结结巴巴了。他的回答大概意思是他一定会努力开拓中国市场，因为中国需要他这样的科学家。还没有等博士回答完这个问题，主持人就喊停了。时间到了。这个项目路演就这样结束了。这位博士眼眶泛红，满脸沮丧，很难过地走下台，回到自己的座位上。在台下的我，都感受到了他的悲伤。

幸运的是，路演结束后我们有一场接待晚宴。在晚宴上，我还有机会和这位博士聊聊。我远远地看到他心情不太好的样子，一个人坐在靠窗的一个角落里，享用着自助餐。我知道白天的路演对这位先生的打击应该非常大，我决定过去和他聊聊。由于我自己是从事海归服务工作的，与他谈起来很轻松，他也没有拒绝我，一直愉快地与我沟通。

快结束的时候，我忍不住问了一句："请问您今天的项目到底是做什么的呢？不好意思，我不是从事医疗行业的，对这个领域了解太浅，所以今天没听懂。"我真是鼓起勇气才问了这个问题，而且还说得很婉转，就是害怕打击他。

博士回复说："我们这个项目有德国的国家专利。简单地说，就是如果你身体有癌变的可能，或者你处于癌症的早期，你不需要吃药，也不需要打针，更不需要做化疗。只要坚持用我们的系统解决方案，就能帮你把癌症灭除，或者让癌细胞减少。我们只要几个小时就能出检测结果。此外，它是百分之百安全的，没有任何副作用。"

听完这些我惊呆了："天哪，这是非常厉害的技术啊，我觉得有太多人需要了。"

他说："是啊，是非常厉害。现在德国都希望我们把技术留在德国。可是我希望引进中国，但是中国没有投资人看上我们，真是郁闷。"

听完他的话，我知道了问题出在哪里。项目和技术是真的好，可是他表达不出来，所以才会出现不被大家看好的情况。

回顾这位博士的路演，台下的观众都感觉，整场演讲的主角是PPT。其实，PPT应该是配角，是助手。只是，在很多演讲现场，演讲者都把它当成了主角。演讲者的个人想法和商业逻辑，可以通过PPT展示出来，但不能指望通过PPT来展示全部内容。如果观众通过PPT就能了解演讲的全部内容和演讲者的想法，那么，这个演讲一定是失败的。这不是技巧方面的问题，而是策划准备出了问题。观众一旦用眼睛看PPT，就会自己寻找感兴趣的内容，同时，他们的注意力就会集中在PPT上，而不是演讲者身上。这也就说明，作为演讲者，作为整场演讲的导演，你并没有把握好你的道具，相反，你被它控制了。

所以，正确的解决方式应该是力求把PPT做简单，需要在 PPT 上展示出来的内容，应该是我们用语言无法说明白的，或者是一时难以记忆、理解的内容。

比如，我在一次年会中，需要列举出这三年的销售数据和发展趋势，这些抽象的内容，就可以放到 PPT 中。而且为了让观众看得清楚，我们可以用图表的形式。但需要注意的是，不要把结论写在上面，否则观众的注意力又被 PPT 给吸引了。

结论，也就是观点，是演讲中最重要的内容，而这是需要我们讲出来的。如果把这种有重要价值的内容写在 PPT 上，而不主动讲出来，那么，真不好意思，演讲者又成了道具，而 PPT 又成了主角。

一个优秀的演讲者，真的不是一日养成的，也不是说你是某个领域的专家，就一定可以讲好。作为导演，你就是这个剧组的核心，因此，一定要仔细规划你的演讲。切记，不要让 PPT 抢了你的风采。观众喜欢你的分享，同时被你影响了，才是演讲的最终目的。

▌不是说话，而是与观众对话」

有的时候，演讲者的演讲缺乏感染力，并不是因为分享的故事内容不好，或者是演讲者的状态不佳，很可能是因为演讲者犯了一个错误——与观众缺乏必要的互动交流。

我们或多或少都曾见过这样的演讲现场：演讲者要么一直侧头看着屏幕，要么目光盯着虚无的前方，有的甚至看着地上，就是不把目光落在观众身上。有的演讲者说，他一看观众就紧张，好像观众正坐在下面挑刺或者"审判"他。

其实，这样的演讲不能算是精彩的演讲，也不能充分地达到演讲的目的和效果，只能算是独角戏。一场真正精彩的演讲，需要的是与观众对话，以达到双向交流。要知道，演讲不是你一个人说话，而是与观众对话。

　　当演讲者在内心真正把演讲当成对话之后,奇迹就会发生。试想一下这样的场景,你会有什么感受:你看着台下的观众,与他们进行目光的交流,感受着彼此之间和谐融洽的氛围。你微笑着,向他们点头致意,他们也报以微笑。大家彼此都充满喜欢、尊重和善意。你能看到观众被你带动了——他们正在思考你所说的话。对于演讲者来说,这样的场景是不是很美妙?

　　但是,在学习演讲之初,作为一个"小白"的我,也因为没有意识到这种交流的重要性,而走了很多弯路。我刚学演讲的时候,老师跟我说:"安妮,你不要太紧张,就把台下的观众假想成'白菜'和'土豆'就好了。"可能是这位老师看我当时太紧张了,才给予我这些善意的安慰和随口的调侃,可是我有一点儿当真。因为我觉得不无道理。我想,如果台下都是白菜和土豆,那我还会紧张吗?不会啊。所以我真的这么做了。

　　但是,我忽视了一个问题:虽然我面对"白菜""土豆"时不会紧张了,但同时也不会跟他们进行情感的交流了。因此,我在一次正式的演讲中,得到了惨痛的教训。

　　那是 2017 年,我被邀请去中山大学,给 EMBA(高级管理人员工商管理硕士）学员进行一次演讲。那个时候，我刚出我的第一本书——《你必须精致，这是女人的尊严》。中山大学的一位教授是我的读者，于是邀请我去分享一下我的励志故事。

那个时候，我还是一个演讲"小白"，我只知道自己想讲什么，完全忽略了观众想听什么，也不想与她们过多地交流。

那天下午短短两个小时的演讲，我感觉有两个世纪那么长。我拼命地讲自己怎么努力，怎么利用时间写完这本书，怎么上进，怎么克服困难。我沉浸在自己的故事里，不敢看台下的观众，我怕她们不喜欢我，也怕正视她们的目光。我只顾着分享自己的故事，表达自己的观点。可是渐渐地，台下有人开始玩手机，甚至有人默默离场。本来五十多个人的现场，到演讲接近尾声的时候，只剩下不到一半人。我感受到了自己演讲的失败，越是这样，我的状态越差劲，当时恨不得找个地洞钻进去。后来，我提前结束了演讲，懊恼地回家了。

我感到很沮丧。后来有一次机会，在跟一位姐姐交流时，她对我说："安妮，你要注意一下你的演讲。你的整场演讲太枯燥了，没有任何让人想听下去的欲望。我觉得你只要能拿出你平时聊天时的状态，你的演讲一定会不同凡响。"

这位姐姐的话让我心有所动。后来，我开始研究和修正我的演讲。我首先想搞清楚演讲和聊天的区别。为什么我在台下聊天的时候闪闪发亮，然而在台上为大家分享我的故事的时候就魅力全无呢？我想到主要有这样几个区别：

第一，日常的聊天，除非我面对的是重要的大人物，否则大多数情况下，我不会有紧张感。即便说错了话，也不会有多么严重的后果。可是，当我上台演讲时，由于观众多、场面大，而且台下经常坐着大人物，这个时候，我自然就会紧张和恐惧，会担心自己讲不好，会被人质疑能力不足，甚至成为笑话。在这种状态下说话，肯定没有平时那么自然流畅。

第二，日常的聊天有人接我的话，不会冷场，且即便冷场也没什么，无伤大雅。可当我一个人在台上时，感受着来自台下的压力，常常会因为紧张而卡壳，就会出现冷场。

第三，日常的聊天，不需要太讲究条理和逻辑，大家只要各抒己见、平等交流就好了。一般情况下都是你一言我一语，也不用大段大段地讲话。可是演讲却不一样，一个人站在演讲台上，至少要讲几分钟甚至几个小时，而且在这段时间里大家的目光只聚焦在我的身上，难免会紧张。如果没有一个合适的框架结构，就会讲得一片混乱。最重要的是，我们在聊天的时候，情感是投入的，不会把对方当成"白菜"和"土豆"。

所以，我意识到，演讲一定要有对话感，要与观众建立联结，把它当成与观众对话，而不是一个人的表演。总结出这一点之后，在后来的演讲中，我都特别注意跟观众的交流，照顾观众的情绪。与观众聊天和对话，这才是演讲成功的关键。

那么，要如何才能做到与观众对话呢？我给大家三点建议。

第一，要在分享的内容中提到观众关心的问题。就好像中山大学的那次演讲，直到演讲快结束的时候，我才发现观众不玩手机了，愿意抬头看我了。我当时讲到的那个部分是，如何让大咖成为你的粉丝。大家对这个主题很感兴趣，本来已经分散了的注意力渐渐回到了我的身上。我前面做的一个半小时的演讲都是无效演讲，只有这十几分钟的演讲是有效的。所以，后来我也会非常注意，提前思考观众会对哪些问题感兴趣，而且注意在分享中聊观众感兴趣的故事和话题。

第二，与观众进行眼神的交流。很多人因为太紧张或恐惧，演讲的时候都不敢看观众，这样很难与观众建立有效的联结，也很难让观众感觉你是在与他们对话。跟别人交流的时候，看着对方的眼睛，会让对方感受到你的礼貌和善意。看着观众演讲，不仅可以让他们感受到你的专心和用心，让他们觉得受到尊重，更大的好处在于，你可以即时获得观众的反馈。比如，你表达的观点、意见和建议，对方是否赞同和支持。通常，如果观众认可你的观点，他们会点头示意，这也能给予你更大的动力，让你发挥得更好。如果收到的反馈是不认可，你也不要气馁，因为反对也是一种积极的示意，你可以在后续的演讲中及时调整。

第三，适当地提问。我曾经听过一场演讲，至今让我记忆深刻。那是一场关于营销学的演讲，观众有三百多人。我对那位演讲老师不太了解，因为闺密是那位老师的粉丝，于是我就陪同她去参加。

那天我特意选了一个角落坐下，想着如果太枯燥，我就提早离场。实际上，整场演讲的气氛还不错。但由于我带着观望的心态，也没有很投入，突然听到老师示意我："我看到坐在倒数第三排角落的那位穿蓝色衣服的女孩子，一直在很认真地听着今天的课程，我想问一下，你最喜欢的营销颜色是什么，可以跟我们分享一下吗？"不太投入的我一下子就被老师给抓了起来。观众齐刷刷地看着我，等待我的回答。这个时候，老师又补了一句："大家猜猜，颜值这么高的小姐姐喜欢什么颜色？猜中有奖哦。"然后现场变得热闹起来，这场演讲一下子被推到顶峰，气氛变得更热烈了。

所以，一场精彩的演讲一定不是自说自话、自我表演，而是与观众互动和对话。

永远相信观众都是好观众

在我出版第二本书《高绩效心智》之后，很多大学邀请我去演讲，其中有香港城市大学，这是我最喜欢的大学之一。那里的一位教授看完我的书很受启发，于是邀请我去给 EMBA 的同学们做一次演讲。这对我来说是很有挑战的一件事。虽然之前也给 EMBA 学员讲过课，但这次不同，他们很多都是知名企业家和上市公司的高管。我这样一个没有多大名气的作家，去给这些大佬演讲，能控制住全场吗？我自己都不禁捏把汗。不过，我是这样的一个人：只要给我机会，我就不会错过。因为我始终觉得，人可以有过错，但是千万不能错过。

做足了准备后，我来到了香港城市大学。果真如我想象的那样，当我一踏进那间教室，就感觉气氛有点儿不对劲。因为放眼一看，我是那间教室里最年轻的人。教授开始介绍我，在屏幕上播放我的书的简介，还把我的书送给了在场的三十多位学员。我能感受到教授的善意，他可能是害怕我控制不住场，所以努力帮我铺垫。我当时就有些紧张。虽然那时我已经演讲过五十多场，在圈子里也小有名气了，但我总感觉到大家看我的眼神里，有一点儿不信任和不友善。可能他们在想：这是谁啊？一个吃饭还不如我吃盐多的小姑娘，就来给我上课？她凭啥？

调整了一下状态，我开始了演讲。我演讲的主题是"高绩效心智——企业家需要具备的心智模式"。说实话，这个主题是教授定的，他说他的学生大多是企业家，他们想要提升自己的心智模式，于是定了这个主题。当时我想也没想，就答应了教授。结果，那天很多学员一看这个主题，目光中就流露出怀疑，有的人还有些轻蔑，仿佛在说：这个小姑娘有啥了不起的，还来教我如何打造心智模式，她做过企业吗？

在这样的氛围中，我的演讲开始得很不顺利。除了教授坐在第一排认真地听着，其他大多数人已经玩起了手机，坐在最后一排的一位胖胖的男士，甚至打起了电话。由于打电话的声音太大，前排的学员频频回头看他，教授也示意他，让他不要在课堂上打电话。他看到教授回头了，声音收敛了许多，可过了一会儿，声音又大了起来。我心想：这个人也太不尊重我了，众目睽睽之下，竟然这么无礼。好吧，我就当作看不见好了。反正是答应了教授，我完成任务就好了。其他人爱听不听，我无所谓，只要我自己讲得不差就行。那个时候，我打心眼儿里不喜欢这群人，打算以后不再给他们演讲了。

就这样干巴巴地讲了大概五分钟，我意识到了自己的不对。不管他们如何，我都不应该从心底里把他们定位成不好打交道的观众、不友善的观众、我不喜欢的观众。一个不爱自己观众的演讲者，一定不是一个出色的演讲者。他们如何对我，那是他们的选择，但我必须对我的观众保持爱意和善意。我应该始终相信，他们都是喜欢我的好观众。这么想着，我做了两次深呼吸，眨了眨眼睛，然后再放眼望向这群玩手机的观众。突然间，我觉得他们没那么讨厌了，他们只是对我有些不了解而已。

我换了一种演讲状态，从完成任务式的演讲变成充满爱和感情的演讲。首先，我把自己的姿态放得很低。我说，我初出茅庐，大家都是我的前辈。我也没有什么能耐在这里讲大道理，只是想和大家聊聊天，分享一下我的故事，希望大家多给我这个从深圳来的小妹妹一点儿人生的建议，在未来的人生路上，希望我能成为大家的知心朋友。

然后，我开始讲故事。我发现会讲故事的人，真的具有核心竞争力，特别是讲有爱和走心的故事。当我调整了自己的状态，开始喜欢这群观众时，我的故事也变得很有感染力，很打动人。我发现，台下打电话的人渐渐少了，大家的目光都聚焦到了讲台上。

最后，我用自己最喜欢的一句话结束了那天的分享："生命的美妙，往往在于它的出乎意料。今天能认识各位，也是我生命中出乎意料的事情。感谢大家的聆听。祝亲爱的各位朋友们身体健康，工作顺利。希望不久的将来，我们能再相聚。"

神奇的事情发生了。我演讲的内容其实并没有太大的改变，但是，当我把观众视为可爱的人、喜欢我的人时，他们好像真的开始喜欢我了。看手机的人们，从起初的抬头看我几眼，到放下手机，听我分享，再到后来有人开始记笔记，甚至我讲到重点内容的时候，他们还开始拍照……观众发生的变化太大了。从不喜欢、不认可，到逐步接受我、认可我，发生这样的转变，是源于我用真诚打动了他们，我把他们看成我喜欢的人，而这种喜欢不是装的，是发自内心的。当我首先发自内心地喜欢他们之后，我感觉他们也发自内心地喜欢我了。人与人之间的磁场是很奇妙的。如果你不喜欢这个人，对方会感受到；如果你喜欢他，对方也会感受到。

那天演讲结束后，教授非常开心。他说我讲得非常棒，尤其是后半段，特别精彩。教授提出大家一起合影。他们热情地把我拥在中间，让我站在C位。合影结束后，很多同学过来加我的微信。让我惊讶的是，那个一直在打电话的男士也挤了过来。他对我说："安妮老师，刚才不好意思啊，我处理了点家里的急事。您的演讲太棒了！我也来自深圳，我们加个微信吧，以后多联系，希望还能有机会向您多多学习。"他的态度变得特别和善谦卑，把我弄得很不好意思，因为我之前把他想得很没教养。所以，事情是否能有个好的结果，往往只在于"一念之转"。一念是天堂，另一念可能就是地狱。

在这里，我突然想到曾经听过的一个故事。十年前的一天，你遇到一个女孩子，你们说了很多话，一起做了很多事。十年过去了，你和她之间曾发生过的事情，你可能早已忘记了，但有一样你一定记得，那就是她给你的感觉。感觉是充满了能量的，它可能比事情存在得更长久，发挥的影响力更大。所以，我们一定要给他人一种"我喜欢你"的感觉。这样，我们也会获得他人的喜欢。若干年后，大家会不会相聚是未知的，但是，他们会记得这个美好的时刻和这种美好的感觉。

因此，不管在什么样的状况下，我们都要相信，我们的观众是这个世界上最好的观众，是世界上最爱我们的观众，我们要发自内心地喜欢我们的观众。这种喜欢，一定会传达到观众那里，让你的分享变得令他们难忘。

自我介绍要跟观众建立联系

自我介绍，看似简单，但如果想真正讲好，让大家对你印象深刻并喜欢你，还真的不太容易。出彩的自我介绍，是让你的演讲获得观众喜爱的第一步。

一般人的自我介绍都很普通，比如："大家好，我叫安妮，我来自深圳，从事传媒行业。"这样行不行呢？当然行。但是好不好呢？我个人感觉不太好。人与人见面，第一印象特别重要。如果第一分钟把握不好，很多时候你都没有跟对方认识和继续交往的机会。所以，千万不能忽视自我介绍。

那么，自我介绍到底有什么技巧呢？在这里，我给大家介绍两个原则。

第一，一定要和观众建立起联系。比如，你可以说：

"在座的各位都有看病的经历吧？有没有觉得现在看病预约太难了？那么，认识了我以后，您未来看病预约将更加便捷。我研究的这款线上看病预约软件，就能帮大家解决看病预约难的问题。"得体的讲话一定要照顾观众的感受，要与他们共情。

我们在进行自我介绍之前，需要问自己一个问题："我们的观众是谁？"我们要一起来研究观众——他们有多大岁数，有什么特征，做什么工作，等等。当我们知道了观众的特征，就可以用与观众有关的内容来开场。如果实在不知道观众是谁，就找一些共同话题，比如天气、时政等。总之，开场的自我介绍必须和观众有联系。

另外，自我介绍千万不能太自我。我经常听到一类自我介绍——介绍者特别喜欢强调自己的名字。比如，他们可能会说："大家好，我叫李雷，木子李，雷锋的雷。希望你们记住我的名字。"或者是："大家好，我叫李晓红。李晓红的李，李晓红的晓，李晓红的红。"演讲者讲得开心，可是，观众不见得那么开心。人家凭什么要记住你的名字？你以为你是谁？是名人，还是明星呢？还有一种比较常见的是拆名字，把自己的名字拆解出各种高大上的含义，特别是喜欢往明星或名人身上靠。比如，他们可能会说："我叫王尹明，和王阳明只差一个字。"又或者："大家好，我叫张学明，张学友的张，张学友的学，张学明的明。"其实，有多少人会因为一个名字而特意去记住一个陌生人呢？比如说，我已经写了三本书了，大家是先记住我的名字才来看我的书，还是因为看了我的书才记住我的名字的呢？有很多读者看完了我的书，都不知道是我写的，是看完之后才搜索我的名字，买了我的其他几本书。因此，在名字上故弄玄虚，真的没有那个必要！

所以，在做自我介绍的时候，一定要思考：我讲的话，跟观众有什么关系；我讲的话，对观众有什么价值。为什么一定要对观众有价值呢？因为对观众有价值，除了会获得他们的关注，还会给我们自信。这就跟送礼物一样。我们在给别人送礼物的时候，会紧张吗？会在意自己的穿着吗？会在意自己的发音吗？会在意自己的表现是否完美吗？不会。因为我们知道自己是在给别人送礼物，我们知道自己对他们是有价值的。这会给我们笃定的自信，也有一种潜台词：我对你有价值，请关注我的自我介绍。

第二，自我介绍要明确自己的目的，并且把它说出来。

有人说，这不明摆着吗，自我介绍的目的就是让别人认识和了解自己啊，否则干吗做自我介绍呢？这样就把问题想简单了。在不同的场合中，自我介绍的目的是不一样的。比如说，找工作的时候，目的是希望被录用；参加相亲节目时，目的是希望被男（女）嘉宾关注和喜欢。

因此，千万不能认为自我介绍只有介绍这一个目的。我们一定要把目的细化。目的其实有三个层次。最低的一层，你要给别人带去新的观点或思路，换句话说，就是让别人有所触动。再高的一层，就是我们能够让别人做出某个决定。最高的一层，就是能让别人马上采取行动。

举个例子，聚会上没有目的的自我介绍："大家好，我叫安妮，我来自深圳。"这一圈介绍下来，可能谁也记不住谁的名字，然后各自散去。这就是典型的没有目的的自我介绍。那么，如果是有目的的，会有怎样的效果？

最低层次的自我介绍，会给人新观点、新思路，给人以触动。比如说："大家好，我是安妮。我喜欢旅行，我最近去了一趟土耳其，旅途中非常惊险，我差点儿被人给卖了。"这样起码别人能够记住你。

高一层次的自我介绍，能让别人做出某个决定。比如说："我非常喜欢旅行，我希望今后有机会和大家结伴而行。喜欢旅行的朋友们，我很愿意与你们认识。"这个时候别人可能会做一个决定：我等会儿和她交流认识一下。

最高层次的自我介绍，能让观众采取行动。比如说："我的微信号码是××，愿意交朋友的伙伴，现在可以加我的微信哦。我就坐在旁边的桌子上，大家等会儿可以过来找我。"我们要表达出我们想达到的目的，并且让它得以实现。

做一个吸引人的自我介绍，有没有具体的方法呢？在这里，我给大家介绍四个非常好用的方法。

第一，开头用"你"或"你们"，而不是"我"。本质上也可以理解成是套近乎。比如说：

"我最喜欢听樊登读书会，上面有很多好书"改成"你听樊登读书会了吧？是不是发现上面有很多好书"。

"我过年期间开始关注新冠肺炎疫情，觉得我必须为国家做点事"改成"大家在过年期间都有关注新冠疫情吧？是不是都觉得想为国家做点事"。

"我最近减肥很痛苦"改成"你们大家中很多人都有过减肥很痛苦的经历吧"。

诸如此类。当用"你"字的时候，就会拉近与观众的距离，双方会建立一种信任感。

第二，具体化。我们在描述一个概念的时候，通常说得都不够具体。如果把这个概念具体些表述出来，会产生非常好的效果。举个例子，一个老板对员工说："你跟着我，会吃香的喝辣的。"或者："你跟着我，我会视你为兄弟。"或者："你跟着我，有房有车。"（这个稍微有些具体了，但还能再具体一点吗？）把这个表述再具体一点，改成"要是你在我这里工作，别的不敢说，我保证你在深圳的周边，买个60平方米的小房。车呢，不敢保证太豪华，但是一辆20万元左右的车是没有问题的"。看，这个"吃香的喝辣的"表述就变得非常具体了。

而当你说得具体以后，对方就开始当真了。

在第二次世界大战的时候，丘吉尔发表过一个演讲。他说，我们要从陆地上、海洋上、天空中，消灭德国人。他为什么要说"陆地上、海洋上、天空中"，而不是说，我们要"全方位"地消灭敌人呢？因为他说"天空中"的时候，空军就会觉得是在说他们；他说"海洋上"的时候，海军就会有共鸣；他说"陆地上"的时候，陆军就会被振奋。这就是具体化的力量。

奥巴马就职美国总统后，发表过一个演讲，大概内容是：不管你是年轻人还是老年人，是富人还是穷人，是民主党人还是共和党人，是黑人还是白人，也不管你是拉丁美洲人、亚洲人还是本土美国人，更无论你是否为同性恋者、是否是残疾人，这是美国人共同的答案。他为什么不直接说全体美国人呢？因为具体化会让每个被提到的人联想到自己。

所以，我们在做自我介绍的时候，如果有重点的经历，一定要具体化地说出来。

第三，讲故事。自我介绍占用的时间通常很短，能不能讲故事？当然可以。这是特别好的方式，也是我最喜欢用的方式。

需要说明的是，故事可以放在演讲中间，也可以用来开场。我更喜欢用它来开场。

第四，类比。很多时候，你介绍的内容，你的观众可能并不熟悉。类比就是为了最快地让对方理解。比如，有部电影叫《太平轮》，那我们要如何给从没听过或看过它的人介绍这部电影呢？我们可以说："这是'中国版的《泰坦尼克号》'。"又比如说，我们这次抗疫十天就建了方舱医院，之后抖音上就出现了各种类比，比如"意大利版方舱医院""韩

国版方舱医院"，还有"深圳火神山""上海雷神山"等。这
就是类比，用一个大家熟知的概念来解释一个大家不太了解
的概念。

　　精彩的自我介绍，能让观众快速喜欢并了解你，也更能
让你下面的演讲游刃有余。

08 先感动自己，
才能打动观众

观众不容易被说服，但容易被感动

前段时间开始迷一档辩论节目。有一期提出了这样一个辩题：决意离婚的夫妻，要坚持到孩子高考结束吗？这一期，节目组请来的两群辩手年龄差距比较大。一边是五十位已经为人父母的"60后"和"70后"，他们是正方。他们认为，应该坚持到孩子高考结束再离婚。另一边是五十个年轻人，作为反方，他们一致认为既然决意离婚，就应该快刀斩乱麻，该离的离，该去准备高考的去准备高考。

看过这个节目的人都知道，场上的辩手可是一个比一个能说，讲起道理来，一个比一个强。反方辩手们用极具说服力的语言，试图去改变正方选手的选择。但是，正方的五十位叔叔阿姨，始终坚持自己的观点，任凭反方如何摆事实，如何讲道理，他们都不为所动。直到这些年轻人通过讲故事"催泪"和"攻心"的时候，才有几位叔叔阿姨开始改变立场，支持反方。这也从侧面说明了一个现象：人不容易被说服，但很容易被感动。这些有着丰富生活阅历的叔叔阿姨，他们坚守着自己固有的价值观，要想说服他们很难。唯一能让他们产生改变的，就是通过讲故事感动他们。当一个人被感动了，就是他做出改变的开始。

所以，在演讲中，"走心"是非常重要的。只要直抵观众的心，演讲就成功了一大半。千万不要长篇大论地讲道理，没有人喜欢被教育。即便我们讲的道理正确，也不要这么做，要毫不留情地去掉。因为这些道理不但不能给演讲加分，还会引起观众的反感。

2019 年 8 月，领导叫我去新疆，给喀什的士兵们演讲。我问领导，希望我讲什么主题。他说："我觉得你特别励志，充满正能量。我希望你能教教这些孩子，让他们充满勇气地面对未来的军旅生活。"教他们打仗我不行，但是给他们正能量，我还是很在行的。于是，我答应了领导，随同一起去了新疆。

到了新疆喀什，我见到了部队的刘教官。我问教官，现在士兵们最焦虑和担心的是什么。教官说，这些士兵最害怕退伍以后没有去处，担心未来没有希望。这个大概是可以理解的，因为现在的军人退伍后要找工作。他们在部队里学的文化课程比较少，大多是体能训练，部队管理严苛，但终究和社会不一样。退伍后的军人，要重新适应社会，还要重新学习手艺，这对他们来说也是挑战，需要很大的勇气和自信。了解了一番以后，我大概知道士兵们最需要的是什么了，于是开始准备演讲内容。

由于演讲的对象都是兵哥哥，况且又是在军营这么特殊的地方，因此我穿了一套浅色的西装，以表达我对他们的尊敬。

我演讲的主题是：活出生命的意义。

首先，我进行了自我介绍，告诉大家我是谁。然后，我设法拉近与他们的距离。我说："我今天不是来演讲和上课的，在你们这样一群保家卫国的兵哥哥面前，我没有这个资格。作为一个比你们大十几岁的小姐姐，我只想跟你们分享一下我的故事。"

这里的重点是，不要让观众觉得你是教育者。

然后，加一个"破冰"："我毕业于澳大利亚巴拉瑞特大学，是一名海归。听到海归这个词，你们会有距离感吗？有距离感的请举手？"我看到台下有人稀稀拉拉地举手了。

"在我开始我的分享之前，首先，我想做一个小调查。我们在座的各位，如果你出生于富裕家庭，你的成长，你未来的发展，你父母可以给予助力的，请举手！"台下没有一个人举手。然后，我调侃了一下台下我很熟悉的一位企业家："我尊敬的陈总，您应该举手吧？您可是我们这里最正宗的富二代啊。"全场的人都被我逗笑了。

接着我又问："在座的各位，如果你认为，你未来的发展，你的事业和前途，父母给不了任何助力，你完全要靠自己的，请举手！"结果，全场的人都举手了。那个场面，其实很触动我，也在我的预料之中。

"其实，我一直在找共同点——作为一名海归，我和大家有什么地方是相似的。我本来觉得没有，但是现在找到了，那就是，我们都是出生于普通的家庭。我们未来的发展都是要靠自己，而不能靠其他任何人。"然后，我给大家讲了我的成长故事。我小的时候父母离异，靠自己的力量活出自己最想要的模样。

"如果用一句话来总结我们的共同点，那就是：起点，永远不会决定终点。大家认同吗？"大家给了我认同的掌声。

"我上初中三年级时和妈妈来到深圳，在我念中学的时候，妈妈就跟我说：'女儿啊，我们和其他人不一样，我们什么也没有。我们任何人也靠不了，只能靠自己。'我在读书的时候，拿的是全额奖学金。曾经还给别人写论文提供过咨询服务，收取一点儿报酬。我毕业时，成绩是全优。我觉得，生命给了我一个不高的起点，但只要我努力和奋斗了，也可以越走越高。大家是不是要给我一点掌声？"这里的重点是，通过共情，拉近和大家的距离。

"每个人出生时都会拿到一副牌。有的人比较幸运，一出生就拿了一副好牌，但是，如果没有智慧，也可能把这副好牌打得稀巴烂；有的人一出生就拿了一副烂牌，但只要勤奋努力，增加智慧，也有可能把一手烂牌打成好牌。所以，我今天演讲的核心就是，和大家一起探讨一下，如何从低起点走向高终点。"

然后，我看到现场有士兵开始记笔记了。我知道，他们已经被我吸引了。而我吸引他们注意力的方式，就是想办法去感动他们。

　　快到结尾的时候，我设计了一个很感人的类比。我在前一天晚上上网找图片，突然，我被一张小女孩的照片吸引了。这是一张伊拉克小女孩的照片，她穿着被烧烂的、破旧的衣服，满脸灰尘和血迹，眼神中充满绝望和恐惧，迷茫而空洞地望着前方。看到这张图片，我哭了。我真的感受到了什么叫作弱国无外交。我决定把这张让我落泪的照片放在我的 PPT 里。

　　我打开这张照片说："大家看看这张照片，有什么感受？"现场有人说，这个孩子太可怜了；有人说，这是战争的牺牲品；甚至有人说，不如把她接来中国住吧。然后，我又放了一张我五岁女儿的照片。女儿穿着可爱的花裙子，扎着高高的马尾辫，脸上挂着天真灿烂的微笑，眼神中充满了欢乐和幸福。我对大家说："大家再看看这张照片，这是我的女儿。"此时现场一片感叹。我继续说："在这里，我只想对大家说，我女儿之所以有今天的快乐和幸福，都来自在座的各位。谢谢你们保卫我们的祖国，正因为有你们的付出和坚守，才会有我女儿这一代幸福的童年。在此，我向你们表达我最诚挚的谢意！"说完，我向大家鞠躬。

　　此时，台下掌声一片，甚至还有人起立给我敬礼。当我起身时，我看到了不少士兵在偷偷地抹眼泪。我知道，我已经把他们感动了。人都是不容易被说服的，跟他们说一堆大道理，不如讲个"走心"的故事。谁都不喜欢被教育，而真正能改变他们的方式，就是去感动他们。

记得我来新疆之前，领导跟我说，希望我能鼓励士兵们，让他们对未来充满信心。通过这次演讲，我感觉我已经点燃了士兵们的内心，因为我感受到了他们的真诚和可爱。

有句话说，演讲的本质，是让自己成为一个伟大的人。而这次演讲让我感受到，演讲者与观众相互影响，才能一起走向伟大。

成功的演讲必须有成功的情感设计

　　如果现在的你特别平凡，没有车没有房，没有存款也没有资源，甚至连值得信任的朋友都没有，你会怎么办？你每天朝九晚六，回到家就打游戏，感觉忙忙碌碌，却不知道未来的方向在哪里。你觉得现在的你是不是很凄惨、很悲剧？那么，要做什么，才能让自己重拾生命的热情？要做什么，才能让自己找到人生的价值？

　　今天就要介绍一个女孩子，她普通得不能再普通，平凡得不能再平凡，甚至可能还不如你。因为你家可能还有门，她家连个门都没有。但是，她的人生竟然"开挂"了，她通过演讲人生逆袭了。她就是刘媛媛。

　　大部分的人认识刘媛媛，是从一档电视节目开始的，包括我自己。

我们认识刘媛媛，是因为她的演讲《寒门贵子》。而这场演讲，她一举成名，感动了上亿人。我很少被一位年轻女孩的演讲感动得落泪，而刘媛媛的故事，让我不止一次哽咽。她用自己的亲身经历，告诉大家寒门是可以出贵子的。而她那场演讲的视频，也在互联网上疯传，让很多普通家庭出生的孩子，突然间有了努力和奋斗的方向。刘媛媛演讲的成功并不是偶然，她用真情实感，让大家跟着她一起紧张、一起悲伤、一起振奋、一起落泪。

可见，一场精彩的演讲，一定要植入情感设计——用情感去感动周围的人，用情感去触动台下的观众。

刘媛媛是一个农村出来的孩子，虽然考上了重点大学，但是她骨子里是没有自信的，况且她根本也没有参加过演讲比赛。而她的对手，不是优秀的运动员，就是国外的精英，还有"鬼马书生"，个个都超出她一大截。想想都觉得泄气。

刘媛媛的演讲之所以如此动人，是因为她掌握了一个技巧，那就是："真正精彩的演讲，是真实故事和真实情感的表达。在情感的表达上，要酸甜苦辣随时切换。"

我们来回顾一下刘媛媛的这场冠军演讲。她开篇提了一个问题："在这个演讲开始之前，我先问大家一个问题，你们当中有谁觉得自己是家境普通，甚至出身贫寒，将来想要出人头地只能靠自己的？"她率先举起了手，台下的观众也齐刷刷地举手了，一位评委老师也举手了。这个问题让观众进入了好奇的状态，首先就有了代入感，做到了开篇就吸引了观众的注意力。

之后，她继续问大家："你们当中又有谁觉得，自己是有钱人家的小孩，起码在奋斗的时候，可以从父母那里得到一点助力？"结果，现场却没有一个人举手。到此时，刘媛媛已经做到了与观众共情，大家已经开始跟着她的节奏走了。

"前些日子，有一个在银行工作了十年的资深 HR（人力资源管理人员），在互联网上发了一篇帖子，叫作《寒门再难出贵子》。意思是说在当下我们这个社会，穷人的孩子想要出人头地，想要成功，比我们父辈那一代更难了。这个帖子引起了特别广泛的讨论，你们觉得这句话有道理吗？"她通过讲故事以及提问，和观众互动，其实是在激发观众的情感，以引起观众的情绪波动。

"先拿我自己来说，我们家就是寒门，甚至我们家都不算寒门，我们家都没有门。"讲到这个关键点的时候，现场的观众都笑了。这就是成功的情感设计。精彩的演讲，就好像在坐过山车一样，情绪是要起起伏伏的，不但需要开心，也需要悲伤，总之要让观众跟着你的情绪走。

"我现在想想，我都不知道当初我爸和我妈，那么普通的一对农村夫妇，他们是怎样把三个孩子——我跟我两个哥，从农村供出来上大学、上研究生的。我一直都觉得自己特别幸运。我爸跟我妈都没怎么读过书，我妈连小学一年级都没上过，她居然觉得读书很重要。她吃再多的苦，也要让我们三个孩子上大学。我一直也不会拿自己跟那些家庭富裕的孩子比较，说我们之间会有什么不同，或者有什么不平等。"她通过讲自己的故事，让观众有了代入感。

"但是，我们必须承认，这个世界是有一些不平等的。他们有很多优越的条件，我们都没有，他们有很多的捷径，我们也没有。但是，我们不能抱怨。每个人的人生都是不尽相同的，有些人出生就含着金钥匙，有些人出生连爸妈都没有。"此时又进入共情的模式。

"人生跟人生是没有可比性的，我们的人生怎么样，完全取决于我们自己的感受。如果你一辈子都在感受抱怨，那你的一生就是抱怨的一生；如果你一辈子都在感受感动，那你的一生就是感动的一生；如果你一辈子都立志于改变这个社会，那你的一生就是一个斗士的一生。"听到这里，观众们像被打了鸡血一样，感受到了振奋与鼓舞。是的，我们的人生都是由我们自己选择的。这个世界上，只有我们自己能为我们的人生埋单，其他任何人都不可以。

接着，刘媛媛讲了一个故事，把此次演讲推向了高潮。

"英国有一部纪录片，叫作《人生七年》。片中访问了十二个来自不同阶层的七岁小孩，每过去七年，再回去重新访问这些小孩，到了最后就发现，富人的孩子，还是富人，穷人的孩子，还是穷人。但是里面有一个叫尼克的贫穷的小孩，他到最后通过自己的奋斗，成了一名大学教授。可见命运的手掌里面是有漏网之鱼的。而且现实生活中，寒门子弟逆袭的故事更是数不胜数。"这个故事让现场的观众很受感动。

"所以，当我们遭遇失败的时候，我们不能把所有失败的原因都归结在出身上，更不能去抱怨自己的父母为什么不如别人的父母。因为家境不好，并没有斩断一个人成功的所有可能。当我在人生中遇到很大困难的时候，我就会在北京的大街上走一走，看着人来人往。而那时候我就想，刘媛媛，你在这个城市里面，真的是依无所依，你有的只是你自己。你什么都没有，你现在能做的就是单枪匹马，在这个社会上杀出一条路来。

"我们大部分人出身于普通人家，我们要靠自己，所以你要相信，命运给你一个比别人低的起点，是想告诉你，让你用自己的一生去奋斗出一个绝地反击的故事。这个故事关于独立，关于梦想，关于勇气，关于坚忍，它不是一个水到渠成的童话，没有一点儿人间疾苦；这个故事是有志者事竟成，破釜沉舟，百二秦关终属楚；这个故事是苦心人天不负，卧薪尝胆，三千越甲可吞吴。"

刘媛媛的演讲到这里就结束了。是不是很有力量？你在她的演讲里感受到了什么情感？酸甜苦辣都有，对吗？从开篇的开心娱乐，到后来的振奋激励，再到后来的深受触动，最后到结尾的充满力量，无一不在牵动着观众的心。

演讲的成功，是情感设计的成功。情感的表达，才是演讲最能打动人的方面。

把自己感动了，才能感动观众

　　演讲是情感的一种展现，因此，我们要学会用情，表达情，释放情。如果你问我，一个完全没有演讲经验的人，一上台如何能进行一场精彩的演讲？我的回答是：展现你真实的情感。只有你的心被触动了，才能打动观众的心。也就是说，只有把你自己感动了，才能感动他人。

　　为了鼓励同事们养成演讲的好习惯，我安排了一项作业，每个星期一开例会，请一位同事上台演讲。我始终觉得，学习了一堆方法和技巧，都不如上台讲一次，这样进步会更快。于是，小伙伴们按照我的要求，每个星期一都轮流上台演讲。

　　有一次，我们演讲的主题是"我的爸爸"。那天演讲的人是我的助理 Chloe。Chloe 和我一起工作了四年多，知道我是一个对演讲有很高要求的人，她也比较尊重和适应我的习惯。我的第一个要求是，演讲必须脱稿；第二个要求是，演讲要与观众有情感的互动。

轮到她上台了，我对她的表现满怀期待，因为她经常跟着我外出演讲，观摩了很多次。我心想，她应该不太会掉链子吧。我满怀信心地准备看一场高水准的演讲。

结果，Chloe 慌慌张张地上台了，看到我在台下正襟危坐看着她，她显得更慌张了。她急忙说："安妮姐，各位同事，不好意思啊，这两天实在太忙啦，我没有什么准备。"这句话我非常不爱听。你想想啊，十几个人坐着听你演讲，大家每人浪费半小时，加在一起就足足五个多小时，你凭什么不准备就上台？这不是浪费大家的时间，消耗大家的生命吗？我对她开始有点儿失望了，心想这个小女孩怎么这么不懂事。

然后，她又做了一件让我大跌眼镜的事。她从兜里掏出一张纸，打开，准备念稿。她知道我是很不喜欢念稿演讲的，因为会让观众很没有代入感，观众会感受不到与演讲者的交流，演讲的主角会被这个稿子给抢走。Chloe 早就知道我不喜欢通过念稿的方式演讲，结果她还是这么做了。我心想，这场演讲根本就是废了，我不打算听下去了。

正当我准备放弃听她演讲的时候，我发现她讲着讲着，竟然流泪了。原来，她讲了一个她和爸爸的故事。她说，她和爸爸的关系一直很紧张，她觉得爸爸只爱弟弟，不爱她。前段时间发生了一件事，加剧了她和爸爸之间的矛盾，导致她离家出走了。

一天早晨，在家吃完早餐，爸爸数落了她几句，于是，她和爸爸大吵了一架。她一气之下，收拾好行李就离家出走了。这一走，就是好几天。有一天晚上，她回到家想再拿些东西，看到桌上准备好了饭菜，而爸爸已经躺在旁边的沙发上睡着了。妈妈告诉她，她走的这几天，爸爸每天都做好饭菜，一直在家等她，希望她能早点回来。爸爸是个倔脾气，虽然嘴上不说，其实内心很爱她。爸爸也很内疚，但是又不知道如何表达出来。

讲到这里的时候，她已经泪流满面。台下的同事们也都被她感动了，跟着她一起流眼泪。Chloe 的演讲没有任何技巧，甚至连准备都不充分，但是她做到了一点，那就是她完完全全地把自己感动了。当她在台上能感动自己的时候，就能感动台下的观众。毫无疑问，她成功了。

这个方法，我自己也验证过。几个星期前我被中华全国青年联合会邀请去做一次抗疫分享会。主办方很用心，提前准备了很多我在抗疫期间给医院捐助物资的照片，以配合我的演讲。

于是，在我演讲时，活动现场的大屏幕上放了很多我抗疫期间的照片。我讲着讲着，突然一回头，发现其中有一张照片上是武汉中心医院的一位医生，他穿着我们的防护服，戴着我们寄去的 N95 口罩，摆了一个"必胜"的手势。拍摄这张照片的时间应该是 2020 年 1 月底，正是新冠肺炎疫情非常严重的时候。这位可爱的医生没有草率地拍张照发给我们，而是摆了一个"必胜"的手势。她在感谢我们的同时，也在激励着我们：一切都会过去的，我们一定会胜利。

我在台上讲着讲着，翻到这张图片，就忍不住掉下了眼泪。我回忆起抗疫那段时间，我和小伙伴们没日没夜地到处找口罩、捐口罩；我想到有无数的医生想方设法联系我，希望我能帮助他们；我想到医生们给我们发来的感谢信，信里是满满的感激和爱。我仿佛又回到了 2020 年 1 月那个时刻。我感受到了医生们的信任，感受到了自己的责任，也感

受到了朋友们的鼓励。我觉得自己真的做了一件很有价值的
事情。我已经忘记了自己正在演讲，我沉浸在了自己的感受
中，边讲边哭，边哭边讲。我已经不记得台下还有人了，我
已经忘记了他们。那一刻，我被自己感动了。

我没有压抑自己的眼泪，我真实地表达了自己的感受。
让我惊奇的是，台下的观众都跟着我一起哭了起来，还有的
在偷偷地抹着眼泪。之后，台下响起了热烈的掌声，大家甚
至站起来给我鼓掌，还有的人给我敬礼。现场的所有人都被
感染了，大家仿佛回到了 2020 年 1 月，回到了祖国新冠肺
炎疫情最严重的那一刻，回到了全国人民众志成城、万众一
心保卫国家和人民健康的那一刻。

我感动了自己，也感动了大家，同时，更被大家所感
动。那天的演讲非常成功。

所以，演讲说简单也不简单，说难也不难。如果你实在
是不知道该如何演讲，那么，就尝试在舞台上感动自己吧。

逆袭的故事最能打动人

　　很多演讲者都说要讲故事，可是到底什么样的故事最能打动人呢？我的理解是：逆袭的故事最能打动人。因为这样的故事颠覆和重塑了我们对社会的认知，同时会让观众有代入感。大家会想，我的起点也和你一样低，你能成功，我相信我也可以。下面，我们来看一下这个逆袭的故事。

　　有一天，一个小伙伴评价我，说我给他的感觉是积极、乐观、努力、勇敢、自信和坚强。我突然感觉，现在的我，已经活成了我想要的样子。曾几何时，我是一个对人生失去信心和希望的人。在我二十岁生日的时候，我和我妈妈坐着公交车，我悲伤地问她："妈，为什么我的人生一片黑暗？"我生活在一个很平凡的家庭。妈妈是一个孤儿，被养父、养母收养长大，但养父母对她特别好，所以她小时候过得很开心，只是内心总是有些缺憾。我爸爸生活在一个多兄弟姐妹的家庭，条件比较艰苦。我出生以后，父母没有让我吃什么苦，我小的时候长得漂亮、可爱，所以很讨人喜欢。

但在我的记忆中，父母的感情非常不好，最严重的一次，是爸爸拿刀要砍我妈妈，我哭得稀里哗啦的。那个时候，我五岁。童年的记忆，就是父母的吵闹，亲戚的争吵。我一直由外婆带大，直到我十一岁，外公、外婆去世了，父母的感情破裂，妈妈去了深圳工作，我和爸爸一起生活。记忆中，我和妈妈的感情一直比较疏远，而爸爸很疼爱我。直到我上初中三年级时，妈妈吵着要带我走，然后我跟着妈妈来到了深圳。

到深圳的第一年，是我噩梦的开始。我自卑极了。妈妈是公司的出纳，每个月赚很少的钱。她是一个不太有智慧的妈妈，在我十五岁的时候，她就经常跟我说："妈妈没有钱了，如果你不好好读书，我们就要睡马路了。"所以，我内心极度没有安全感。我在念中学的时候，就是年级前三名、学生会主席和班长。我特别努力，因为我心中只有一个信念：妈妈没有钱了，我要努力读书，否则我就要睡马路了。

但是，没钱这个现实，并不是对我最大的打击。在我十五岁到二十五岁期间，对我打击最大的是，我妈不容许我和爸爸见面，甚至不能联系。

有一次，我想爸爸了，就偷偷给他打了一个电话。我妈知道后，她立刻跑到天台上要自杀，事情闹得轰轰烈烈。从那以后，我就再也不敢跟爸爸联系了。这一晃就是十年，直到我参加工作。我整个青春期，都是在没有爸爸，也没有妈妈的支持下度过的。所以，我真的很害怕，我害怕自己没有钱花，没有饭吃，没有地方睡。妈妈没有能力给我提供生活的保障，我又没有爸爸做靠山。我觉得自己好可怜。

可人生就是一场自我救赎。

在深圳读书的岁月就是一场梦魇。在同学心中，我是一个好学生。可是在我心中，我是一个边缘人，一个家庭出身很差的边缘人，一个很羡慕自己同学的边缘人。我从初中就开始打工，我的第一份工作，我记得很清楚，是在大梅沙卖一款功能饮料，一天收入 100 元。我每周都去。我拿人生中的第一份薪水，请我妈吃了一份麦当劳。我读本科和硕士的时候，都获得了全额奖学金。

我人生真正的转折点是我工作以后。当我开始工作有收入了，我才发现我的人生原来可以这么好。我的第一份工作是在一家外贸公司做经理助理，当时的薪水是 3500 元。我工作非常努力，我不容许自己有周末，我把每个周末都用来加班。所以，工作的第一年，我清楚地记得，我的眼圈都是黑的，因为每天睡觉不超过五个小时。虽然很忙碌，但是我很享受。很快，我就得到了晋升，做到了总经理助理。我非常感谢我当时的老板，他叫 Michael Liu。他教会了我独立和努力。他告诉我，虽然他是公司的老板，但他永远第一个到公司，最后一个离开公司。他告诉我，女人永远要靠自己，不要想着依赖别人。我在他身上看到了努力、专业、敬业和执着。之后，我被猎头挖去，在一家上市公司做了三年总裁助理。我遇到了一个很"奇葩"的总裁。但我通过自己的努力，让一个讨厌所有人的 CEO 最终对我十分肯定。

2011 年，我加入了现在的平台。我跟一个朋友说，我一年的目标是赚 100 万元，半年的目标是赚 50 万元。他说，50 万元应该不难吧。我笑了笑告诉他，对你来说当然不难，因为你的起点高，可是对曾经的我来说，可能是天文数字。曾经的我，是一个连明天是否有饭吃、是否有地方住都不清楚的人，现在能赚 50 万元，这是一个莫大的惊喜。

2011 年加入这个平台时，我刚结婚，用多年的积蓄买了车和房，身上全部的积蓄只剩下 3 万元。而当时我的工资是每个月 7000 元。我拿着 7000 元的工资和 3 万元的积蓄，一直做到 2014 年，之后我的工资才获得增长。

所以，我真的很珍惜现在所拥有的一切。我是一个单亲家庭长大的孩子。或许你从我的外表上看不到单亲家庭和自卑的烙印，那是因为我通过多年的努力，让自己从一个悲观的小孩变成一个乐观的成年人。我曾经想过自杀，我觉得我这辈子也无法得到幸福和快乐，或者不如死了来得痛快。可是一想到我妈，我就舍不得，因为她会很伤心，她已经没有了别的亲人，她不能再没有我。或许你看到现在的我，怎么也联想不到自杀吧，可是自杀的想法，曾经不止一次出现在青春期的我的脑海里。

在我看来，幸福就是有健康的家庭，有爱的人，有一份有意义的事业，有几个值得深交的朋友，有一个能让自己坚持的信仰，有稳定的经济基础。我是一个很需要物质保障的人，同时，我也是一个很知足的人。我真的很感恩现在所拥有的一切。

我很感恩我的爸爸，虽然他在我最关键的十几年没有养

育过我，没有给我任何经济上和精神上的支持，但是他给予
了我生命。我很感恩我的妈妈，虽然她到现在还像个小孩子
一样，没有妈妈的智慧，但我知道她很爱我，只要她爱我，
她所做的一切，在我看来，都是可以接受的。因为当时的她
还很年轻，她没有足够的智慧和能力来应对生活的负担。也
正因为妈妈没有给我提供足够的条件，才让我变得这么坚
强，这么努力。我从来没有埋怨过我的原生家庭，只要他们
给予了我生命，他们就尽到了父母的义务。我对他们，只有
感恩。

　　很多人问我为什么总是那么精力充沛，好像从来都不会
累。其实，我不是不累，只是我不能休息。在潜意识当中，
我是不能容许自己休息的。因为休息就意味着，自己可能被
抛弃，可能要落后，可能没钱花，可能没饭吃，可能没地
方住……所以，我总是很积极地面对生活，总是很努力地去
工作。

　　我的人生座右铭是：努力到无能为力，老天爷也会助我
一臂之力。我觉得自己是一个没有资格休息和享乐的人。我
要努力，我要成功，我要赚钱，否则我就会有一个悲惨的命
运。这就是我一直以来的信念。

　　有人说，命运是注定的。但我却认为，命运是可以被打破和改变的。我从一个悲观、想放弃生命的小孩，变成了一个乐观的励志姐。我从一个生活条件很差，从来没有想过自己会变成有影响力的人，从来没想过自己会拥有想要的人生的平庸女孩，变成了一个能帮助别人、影响别人并且一步一步实现自己梦想的人，这一切都印证了，一切都源自我们的内心。在那么多个迷茫痛苦的日日夜夜，我每每看着镜子里的自己流泪的时候，就对自己说：亲爱的宝贝，你一定会渡过这个难关，你一定能拥有想要的人生，不要放弃希望，加油！

　　我的人生中碰到过好几位对我帮助很大的人，在我做每个决定、进行每个转弯的时候，都会有好老师、朋友出来，指导我，鼓励我，让我一点点坚定地改变自己的内心。那天见到一个朋友，他说："认识你十几年了，好像一直没变。"他说的只是外表。但内在的我，变化是巨大的。虽然我父母离异了，并且现在关系不怎么好，但是我发现一个很有趣的现象，就是他们会同时转发我的朋友圈，他们说，为有一个这样优秀的女儿而开心。我知道他们这样做是因为他们觉得我太不容易了，他们没有给我提供足够的条件，或者说他们没有给我提供基本的精神支持和物质条件，但我却能活出自己想要的样子，这是多么让他们惊讶的事情！

有人见到我，经常说我是个名人。其实每次别人这样说，我都不知道如何回答，我也觉得不太好意思。因为我真的不觉得自己是名人，我顶多是一个不断努力的普通人。

但我很坚信，我是一个善良的人，我用心帮助身边的人，我努力经营自己的生活，我无比热爱我的事业，我相信奇迹，我也相信奇迹一定会降临在我身上，我相信奇迹一定会给有准备的人。我虽然不聪明，但是足够努力，当奇迹降临的时候，我可以接住。而我真的一次又一次地接住了奇迹。那些给我带来奇迹的人，都是我生命中的贵人。

每个人都是独特的。我从来不会去跟别人一起赛跑，但我永远在跟自己赛跑。记得我独自穿越沙漠的时候，每当我抬起头，看到远远望不到尽头的沙漠时，我的心情只能用两个字来形容——绝望。好几次我都感觉自己快不行了，体力不支了，那时我就想想我的过去，我曾经是一个连生活都过不下去的人，沙漠对于我来说，又算什么呢？然后我咬咬牙，做两次深呼吸，又继续往前走。

当我以团队第一名的成绩走到终点的时候，大家都来祝贺我，可是我没有感觉自己有多了不起。这样的痛苦比起我童年的创伤，可能不值一提吧！人生有很多道坎，但我觉得，最难跨越的是心灵这道坎。

在这个世界上，除了生死是大事，其他都是小事。无论遇到什么坎，只要我人还在，只要我的心还在，一切都可以跨越。有一次跟一个出身很好的女士聊天，聊着聊着她哭了，她说她从出生到现在，她的一切都是父母给的，她没有上过班，没有吃过苦，不知道什么叫辛苦。她说她无法想象如果有一天父母不在了，又或者身边的财富全部失去了，她会怎么样……我想了想她这些问题，我觉得如果有一天父母不在了，我会很伤心，因为父母都很爱我，我也很爱他们。但是，如果有一天，有人拿走了我全部的财富，那就让他拿走吧，因为我内心信仰的力量在一点一点生根。我相信即便一贫如洗，我也可以通过自己的努力得到我想要的一切。人生就是一场修行，也是一场修心的旅程。

这就是一个普通人逆袭的全貌。

The power of storytelling

故 · 事 · 演 · 讲 · 力

09 如何通过互动
控场

有使命感的回答更有灵魂

对于演讲者来说，一个精彩的回答，不但能感动现场的观众，还会触动他们，甚至可以影响他们的价值观。那么，要如何才能影响他们的价值观呢？这里就要提到一个词——使命感。

很多人不知道什么是使命感，觉得离自己太远，也太大、太玄乎。其实，你也可以把使命感理解成热爱。也就是说，当有一天，你觉得有一件事情自己非做不可，在做这件事的过程中，你充满了快乐、感恩和欣喜，同时，你觉得自己无比幸福，做完之后，你觉得你的生命很有意义时，这应该就是使命感使然。

　　每个人的使命感都不一样，从事不同职业的人，使命感也不一样。如果你是一位医生，那么你的使命感可能是"帮助更多的病人脱离苦海"，让他们早日恢复健康；如果你是一位老师，那么你的使命感可能是"传道，授业，解惑"，帮助更多的人找到人生的方向，树立正确的目标；如果你是一位作家，那么你的使命感可能是"用文字去点亮读者的内心"，帮他们找到生命的价值；等等。

　　其实，我们在演讲的时候，需要把使命感贯穿始终。使命感是演讲的灵魂。比如说，一位企业家去演讲，他表达的使命感应该不是赚更多的钱，而是帮助他的员工买车、买房，实现理想；一位环卫工人去演讲，虽然他的工作是为这个城市打扫卫生，但他表达的使命感应该是让这座城市更美丽——由于他的存在，这个城市将更美好、更洁净。

　　我身边很多企业家，都是有使命感的。2020年，由于新冠肺炎疫情严重，很多企业受到了影响，其中包括一家做瓷器的企业，这家企业在深圳非常有名。受疫情影响，它的销量减少了三分之一。为了促进销售，这家企业的董事长发布了一条消息："我们企业不减薪、不裁员。近期，我们将推出一款新产品，原价5980元，现价1980元。我们这么做，不是为了企业本身，而是为了留住我们的员工，让我们的员工能继续在企业上班。请大家支持我们。"消息一发布，新产品立刻销售一空。我相信产品的售价已经接近成本了，但是，大家会力挺这位董事长，并不是因为产品价格便宜，便宜的瓷器很多，而是因为这位企业家有使命感——不减薪，不裁员。当他心怀员工，主动肩负起社会责任的时候，大家就会被他的故事感动，从而支持他，帮助他，拥护他。

有使命感的演讲，注定是有灵魂的。而在回答观众提问的时候，也是一样的道理。举个例子。在一次商业路演上，演讲者推出的产品是一种有机蔬菜。在回答观众提问时，有个观众问："你为什么会想到要做蔬菜生意？"这位演讲者回答："首先，我认为生意不仅仅是生意。做生意的本质是，让生命更有意义。我不仅仅是一个蔬菜销售商，更是在传递健康，我希望这个世界上的人，能因为吃上我的产品，而拥有健康和幸福。我的使命是，让这个社会越来越有生机，越来越健康。我希望自己是一个传递健康和爱的使者。"这样的回答，让台下的评委频频点头。

2020 年初，我和朋友募资上千万元，捐助了全国三百多家医院，购买了几十万批物资，帮助了很多奋战在抗疫一线的医生。因为这件事，很多媒体采访我，也有很多平台邀请我去演讲。在一次演讲中，有位观众问了我一个问题："请问是什么力量驱使你做这件事的呢？"

我对这位观众说："是使命感的驱使。我一直认为我是一个有使命感的人。我记得一个关于稻盛和夫先生的故事。曾经有人采访稻盛和夫先生，问他理解的生命的意义是什么？他的回答是：生命的意义是为他人、为社会竭尽全力。在我看来，虽然我不能像稻盛和夫先生那么伟大，为他人、为社会竭尽全力，但好歹我也要尽自己的全力。因此，我的使命是，把自己活成一束光，点亮自己，照亮这个世界，让这个世界因为我的存在而变得更加美好。就是这股力量驱动我做了这件事。"这个回答，赢得了观众的认同，也赢得了大家的尊敬和佩服。

所以，回答观众提问也是一门艺术。有使命感的回答，能让我们的演讲更加具有灵魂。有灵魂的演讲，已经超越了演讲本身，不但能凸显你的价值观，还能对观众的生命产生积极、正面的影响，这其实就是演讲的真谛。能点亮他人生命的演讲，就是一场精彩的演讲。

▶ 展现出你对观众的认真

　　人与人的交流是一件很有趣的事。你有没有发现，当你主动去喜欢一个人的时候，这个人也会慢慢地对你产生好感；如果你一开始就排斥他，那么，他也不会喜欢你。人们并不一定喜欢聪明的人，却很欣赏真实和认真的人。在回答观众提问的时候，我们只要能保持我们对观众的认真，就能赢得观众的喜欢。

　　展现出对观众的认真，主要可以通过以下两个方面实现：聆听和释义。

　　首先我们来说一下聆听。几乎每个人都喜欢被关注，当观众向我们提问的时候，我们一定要认真听。认真是表达对对方尊重的第一步。比如，观众提了一个问题，你在心里要默读对方的问题，千万不要思绪乱飞，等观众讲完了，你还不知道他在说什么，这就太没礼貌了。还有就是，我们要看着提问的这位观众的眼睛，要有眼神的交流，不要他说东，你看西，这样就是对他的不尊重。你都表示出对他的不尊重了，他怎么还会喜欢你呢？

我在回答观众提问的时候，还有个习惯，就是喜欢点头，喜欢说"嗯，是的，很对"。记得有一次在演讲活动上，一位观众提了一个问题，她其实不是想问什么问题，她只是在抒发自己的感受，表达自己的观点。我没有打断她，只是附和地说："嗯，是的，很对。"我看着她，并不断地点头。等她说完了，她什么问题也没有提。她坐下后，我看到她脸上一直有微笑，很开心的样子。我点头和赞同的举动，不但赢得了这位女士的认可，还赢得了在场观众的好评。因为大家会觉得演讲者是一位有耐心、有爱和有格局的人。

此外，在回答观众提问的时候，我们可以用释义来确定观众想要的答案到底是什么，同时，这样做也能为我们赢得更多的时间来思考。

什么是释义呢？就是用自己的方式，来表达对观众提的问题的理解，同时表达对观众的尊重。比如说，观众提问说："请问你们公司对中国经济发展会有哪些贡献？"你可以这样回答："这是一个很好的问题，可以看出来您对我们祖国的热爱，以及对我们企业的关注。那么，我就来与您分享一下我们公司后续的发展情况，相信我们将成为中国经济发展的主力军之一。"

释义的一些基本句式有：

"感谢您的提问，想必您是对 ×× 感兴趣，那么我来回答一下……"

"这是个好问题，很高兴您这样问。"

"请问您的问题是不是……"

"您是不是想知道……"

在回答观众问题的时候，我们一定要有良好的心态。这是保证你演讲成功的关键，也是保证你演讲稳定发挥的基础。如果心态不好，即使用了很多方法，了解了很多套路，依旧可能发挥失常。

那么，在心态方面，我们需要怎么做呢？

首先，要诚实。用真诚去打动观众，千万不要耍小花招，也不要欺骗观众。要把自己真实的想法告诉观众，要取得观众的理解和认同。

其次，要以平等的心态与观众交流，千万不要高高在上，也不要教育观众。况且演讲的主角是台下的观众，不要给观众咄咄逼人的感觉。我之前还看到过，有个观众提了一个不太友善的问题，结果，演讲者直接在台上骂起观众来，搞得现场一度很混乱。这是非常不得体的反应。不管观众说了什么，我们都要智慧地应对。

面对观众提问的时候，我们必须平和冷静，即使感觉到对方不是那么善意，也要用智慧去化解。

最后，要做好最充分的准备。正所谓有备无患，有时候你看到一个演讲者表现得很自信，回答问题也如行云流水、游刃有余，不一定是他有多厉害，而是他做了充足的准备。

记得有一次在大学毕业生的演讲课上，有一个学生问我："安妮老师，请问一下，您觉得生命的意义是什么？"这个问题真的非常大，随便回答吧，显得我"没有什么料"，说一堆吧，又可能有点让人觉得我在卖关子，故弄玄虚。而且在场的都是大学生，都是一群在寻找人生方向的年轻人，我也希望能对他们的人生产生积极、正面的影响。还好我有准备，于是我回答她："我觉得生命的意义是：找到我自己，成为我自己，然后全力以赴地实现和绽放我自己。"这个回答是我早就想好的，一般在这类演讲中，观众都会问一些有关使命和价值观的问题，于是，我就预先准备好答案，以防被问到。即使被问到，我也可以轻松地应对。

还有一次，现场的一个观众提问："安妮老师，请问你是如何诠释岁月静好的？"我回答她说："你想要岁月静好，其实现实有可能是大江奔流。大家都说岁月静好，其实啊，只有靠自己实力的人，才能好；一无所有的人，只能是静。"说到这里，现场已经一片掌声。

每次演讲，我们都要准备一些必备问题，自己把答案想好了。比如说，如果讲销售课，我会准备如下问题："你曾经做出的最厉害的成绩是什么？""如何做一个优秀的业务员？""销售过程中，你遇到的最大困难和挑战是什么？"

如果讲的是关于个人成长的课，我会准备这样一些问题："为什么成长比成功更重要？""你人生的使命是什么？""你的梦想是什么？""如何做一个有价值的人？"

如果做一场关于情商与公关的演讲，我又会准备这些问题："什么是真正的人脉？""如果别人不喜欢你，你该怎么办？""遇到比你厉害的人，你该如何与他沟通？""如何把优秀的人变成自己的粉丝？"……

　　机会总是留给有准备的人。因此，在演讲前，要先模拟一遍观众有可能的提问，这展现了我们对观众的重视。

用问题回答问题

很多小伙伴都有这样的经历，就是在演讲的过程中，台下的观众会提出一些刁钻的问题，或者是让你不知道该如何回答的问题。比如说，我在演讲的时候，就有观众问：“你工作这么忙，还有时间陪孩子吗？”又或者：“你工作这么累，不会身体不好吗？”所以，应对观众提问也是一门学问，同时，也是展现你智慧的时候。

经过我这些年的思考和总结，我觉得，想要巧妙地应对观众提问，就要明白：最好的技巧就是不用技巧，而是用真诚。最有效的方法，就是提前做好大量的准备，也就是做好问题演练。

回答观众提问，也是演讲的一部分。千万不要觉得演讲结束就万事大吉了，很多时候观众提问才是演讲最精彩的环节。把台下观众的问题回答好了，你会把他们都转化为粉丝。

这里有一个应对观众提问的好方法，那就是"用问题回答问题"。

之前我听过一个商业路演，路演者就非常智慧地掌握并使用了"用问题回答问题"这个技巧，圆满地把观众的刁难给解决了。那是一个关于新产品发布的路演，演讲者是那家公司的CEO。那天的路演主要是推广新上市的产品。的确，新产品无论是功能还是优势都比老产品好太多了。但是有一个问题，价格也涨了。台下坐的观众，大部分是加盟商和客户。其实，那天CEO的演讲还是非常精彩的，他先讲了公司的愿景、使命，然后讲了新产品与老产品的区别，新产品的发展和推广趋势及未来市场的发展，等等。可以说，这位CEO是非常专业的经理人，不论是从品牌、文化，还是产品，都说得十分到位。

演讲的效果非常不错，大家也听得很认真。本来以为这是一场教科书式的产品发布会，结果到了最后观众提问的环节，有观众问了这样一个问题："老板您好，今天您讲了这么多新产品如何好的问题，可是作为一个消费者，我更加关心的是价格，我只是想知道，为什么产品的价格上涨了那么多，你们就不能保持原价，给消费者更多优惠吗？"

这真的是一个刁钻的问题。我们都为这位 CEO 捏了一把冷汗。我想，如果换了是我，我一定会觉得这个观众是在针对我。结果，这位 CEO 回答得相当精彩。他说："这位女士您好。首先，非常感谢您对我们产品的关注。我感受到，您是一位非常认可我们产品的忠实客户。那么，我也看出来了，您其实是对我们的定价体系产生了好奇，对吗？"本来是一个刁钻的提问，CEO 用提问的方式，把观众质疑价格太高转变成观众对产品价格体系好奇的一个提问。

"那么，现在请容许我用几分钟来解释一下，我们为什么要如此定价。"

看，这位 CEO 机智而圆满地用一个问题"您其实是对我们的定价体系产生了好奇，对吗"来应对和化解尴尬。当他从容地把产品的定价体系全部讲完的时候，台下的观众再也没有提关于产品价格的问题了。因为这个定价体系的分析，他早就准备好了，而且也是他的专业，讲起来自然得心应手。这就是"用问题回答问题"的精彩之处。同时，我们也看到了这位 CEO 的真诚，他并没有不开心或者是挑战这位观众，而是转换了话题，并且给予了她足够的尊重。

另一种"用问题回答问题"的方法，就是问问台下的观众："您有什么好的想法呢？"

有一次，我被邀请去给一些刚入职的年轻人做演讲，演讲的主题是"职场心智模式"。那天现场大概有一百多位职场新人，整场演讲都比较顺利，与观众的互动也很愉快。本来以为这场演讲就要结束了，突然有一个女孩子站起来问我："安妮小姐，我想问一下，你每天这么忙，你先生对你没有意见吗？"

真是一个好问题，而且针对性很强。不过，听起来好像是一个不怎么友善的问题。我想了想，然后准备用提问来化解这个尴尬局面。我看了看台下的观众，发现大部分人都是女士，而且是年轻女士，于是，我说："感谢这位女士的提问。看来您对我的家庭生活很关注嘛。"当我说到这里时，现场的观众都笑了，还给了我掌声。于是，我开始向大家提问："我想问一下在座的女士们，你们觉得事业和家庭是不是一定会冲突呢？"然后，台下的观众反应更热烈了，有的说会，有的说不会，还有的说不知道，气氛非常活跃。大家似乎忘记了刚才那个尖锐的、有点儿挑衅的问题，而进入了开心、愉快的状态。

我接着说："我感受到了大家对这个问题的关注。我看得出来，对女性来说，如何平衡事业和家庭，是一个永恒的难题。对于职场女性来说，只有家庭或者只有事业，可能都是不幸福的。那么，作为职场女性的我们，到底要如何来平衡事业和家庭呢？我这里给大家讲一个故事。"这个故事也是我准备好的。

我讲了一个关于女生如何通过智慧平衡事业和家庭的故事。讲完之后，大家给予了我热烈的掌声。

通过提问加故事，我巧妙地回答了这个问题，同时，又不会让提问者感觉很尴尬，也不会让自己没有台阶下。

其实，所有的技巧都不如一颗真诚的心。只要你做好充足的准备，并且真诚地与大家交流，就是最好的演讲技巧。

▶随时准备好说"不知道"

很多人在演讲的时候，总希望展现最完美的自己。可是这个世界上并没有完美的人，观众也不喜欢太完美的演讲者。在一个完美和无懈可击的人面前，其他人都是多余的。相反，一个人不是那么完美，有一点儿小缺点，有一点儿小瑕疵，反而会被观众欣赏和喜欢。

所以，在回答观众提问的时候，态度要真诚。如果观众问了一个问题，你答不上来，那该怎么办？答案就是，你要随时准备好说"不知道"。不知道就不知道，并不可耻，也不丢人。我们又不是神，不可能什么都知道，这是人之常情。

有一次，我被邀请给一群妈妈做演讲。她们都是准留学生的妈妈，她们的孩子都即将出国，只是她们还有一些顾虑，她们不知道该不该送孩子出国，该送孩子去哪个国家。那天，我的演讲主题是"海归人才的职业发展和回国境遇"。我从事海归服务工作已经十多年了，对深圳的海归人才发展，还是有一定了解的，但这些了解仅限于宏观层面。

待我演讲结束后，有一位妈妈问："唐秘书长您好，我想问一下，深圳现在有多少海归？这些海归有多少在政府部门上班？又有多少在自己创业？"

深圳现在有多少海归，其实可以在深圳市外国专家局的官网上查到。据不完全统计，截至2020年，大概有12万人。但是，深圳有多少海归在政府部门上班，这个我就不得而知了。因为我能了解的数据只是我们协会内部的，并不是整个城市的，而且很多海归不喜欢暴露自己的工作单位，即便他们是公务员，他们也不希望别人知晓自己的情况。关于创业的这个问题，也是如此。深圳那么多海归，我们怎么能知晓全部海归的职业状况呢？

于是，我很有礼貌地回答了这位妈妈："这位女士您好，感谢您的提问。截止到2020年，深圳的海归人员估计有 12 万，但这也是不完全统计，具体是不是这个数据，还要再和深圳市外国专家局确认。您这边可以登录外国专家局的网站看看，也可以留下您的联系方式，我们查到后知会您。

"关于您的第二个问题，深圳有多少海归在政府部门上班，这个我不太清楚。我们协会会员在政府部门上班的人员不太多，至于深圳市有多少数量，这个需要做个调查才能知晓。"这个问题我的确不知道怎么回答，我就直接告诉她我不知道。态度要真诚，内容要真实。

"关于您的第三个问题，现在有多少海归在自己创业，据我们协会内部的数据，比例大概是 20%。我们有约 1000 名会员，那么大概有 200 位海归在创业，大部分还是以就业为主。至于没有加入我们协会的海归朋友，就不太知晓他们的职业取向了。以上信息供您参考，有什么问题，也欢迎您随时联系我。"回答完毕。

对于这位妈妈的一些提问，我的确是不知道准确答案，于是，就诚实地告诉她"不知道"。这没什么丢脸的，也不会影响演讲效果。只要我们足够真诚，足够真实，表达出善意，观众是可以感受到和理解的。要记住：我们说的每一句话，都是实话！

我还观摩过一场演讲，演讲者也是智慧地用"不知道"来回答观众的提问的。那是一个行业属性比较强的演讲——律师行业演讲分享会。一位刚参加工作不久的年轻律师，在台上讲着最近他所在的律师事务所的成功案例，以及他们未来的定位和发展方向，等等。其实我觉得讲得挺好的，大家听得也很认真。我们能感受到这是一位相当不错的律师。

上半场的演讲很专业，也很精彩，我提不出任何问题。我觉得这是我专业之外的内容，我也不懂，我是过来学习的。如果一定要让我提问，我就会问："你们的客户是谁啊？""你们的成功案例有哪些啊？""你们未来发展有哪些定位啊？""你们的竞争对手是谁啊？"诸如此类。

结果，我旁边的一个妹妹突然举手了，她问："王律师，您好。您刚才说了贵所非常专业，而且在业界口碑很好。那我想问一下，你们在行业排名第几呢？有没有证据和数据给我们看一下？"

好严肃的问题啊！不过她提得很对。既然这家律师事务所这么厉害，那到底排名第几呢？我估计这位律师也不知道，一般人都不会去了解这个排名吧。他是一位刚参加工作的新人，明显感觉不是合伙人级别的律师，肯定回答不了这个问题。说实话，他们律师事务所也没有那么有名。这个问题的确很尖锐。

只见这位年轻的律师笑了笑，说："这位女士，感谢您的提问。非常好的问题。不过，我也不知道我们律师事务所在行业内排名第几。我才来所里上班不到一个月。不过，您倒是提醒我了，我回去以后会仔细查一下这些数据，这也正好给了我一个机会，让我学习和提升。我向您表示尊敬和感谢。"然后，他还礼貌地鞠了一个躬。情商真是高啊！本来是一个他不知道的问题，却变成了一个让他学习成长的机会，他一下子就赢得了台下观众的一片掌声。

之后，我看到旁边那个妹妹脸上露出了笑容，好像没有那么严肃了，还开始鼓掌，说，王律师好优秀。

这位年轻的律师，用他的智慧赢得了大家的掌声。其实，不知道就说不知道，每个人都会有不知道的时候。最重要的不是我们给出的答案有多正确，而是我们说话的方式有多让人感觉舒服。态度要谦卑，内容要真实。观众都容易被打动，不容易被各种道理说服。同时，不要把观众当成小孩子一样骗，你现在随便编造一个答案，如果后来被拆穿了，只会让你的人设崩塌。因此，我们的每一句回答，都要是真实的。

因为很多时候，观众需要的并不是答案，而是一份尊重。

在奔跑中调整姿态

　　有人问我："安妮姐，我学了那么多演讲的方法和技巧，为什么还是不会演讲啊？"你是不是也有这样的困惑？其实，学了很多方法和工具，但是不去练习，就等于白学。学十个演讲的方法，但是一个都不练，还不如只学一个方法，把它练到极致。我特别喜欢的一句话是，在奔跑中调整姿态。首先，你要跑起来，不能只在原地踏步，否则你永远都将停留在原地。

　　有的人觉得，要学习很多演讲方法，掌握很多演讲技巧，自己才能站在舞台上演讲。其实，现在很多人之所以不能霸占舞台，就是因为想太多而做太少。你整天在想着、在学习着，但是却不肯在舞台上练习着，那么，你的演讲水平永远不会提高。你永远是那个站在舞台上就瑟瑟发抖的演讲"小白"。所以，对于演讲来说，三思而后行就是一个坑。要立即行动起来，在行动中优化你的演讲技巧和方法。

　　我从 2016 年开始学习和练习演讲，到现在已经讲了一百多场。各种类型、大大小小的演讲，我都体验过。我想对你说的是，在这个过程中，不要因为害怕丢脸而放弃体验的机会。体验会让我们的生命变得更丰富。这种丰富会流露在我们的演讲中，让我们的生命变得更精彩。不断的练习会让我们更懂得演讲，会让我们更加享受舞台。所以，不要害怕练习，不要惧怕舞台。当你具备了演讲的技能时，那么，恭喜你，你真的会变得与众不同。要知道，这个世界上唯一扛得住岁月摧残的，就是你的才华。而演讲是除了文字以外，能证明你有才华的方式之一。

　　未来的世界不仅是能力竞争的世界，更是影响力竞争的世界。演讲能有效地提升你的影响力。别再躲在角落里，甘心做一个默默无闻的人。因为未来的世界，淘汰你的从来不是你的竞争对手，而是你未跟上时代所需的观念。

　　亲爱的小伙伴，不要犹豫了，从现在开始就去霸占舞台吧！行动起来，让我们一起把自己的故事讲出来，让我们的人生来一次逆袭吧！